投资改变人生

那些滚雪球的人

雪球◎编著

INVESTING CHANGES YOUR LIFE

中国经济出版社
CHINA ECONOMIC PUBLISHING HOUSE
北 京

图书在版编目（CIP）数据

投资改变人生：那些滚雪球的人／雪球编著．--
北京：中国经济出版社，2021.8（2023.6 重印）
ISBN 978-7-5136-6591-9

Ⅰ.①投… Ⅱ.①雪… Ⅲ.①投资-通俗读物 Ⅳ.
①F830.59-49

中国版本图书馆 CIP 数据核字（2021）第 166571 号

责任编辑　燕丽丽　吴　楠
责任印制　马小宾
封面设计　久品轩

出版发行　中国经济出版社
印 刷 者　北京富泰印刷有限责任公司
经 销 者　各地新华书店
开　　本　710mm×1000mm　1/16
印　　张　16.5
字　　数　203 千字
版　　次　2021 年 8 月第 1 版
印　　次　2023 年 6 月第 4 次
定　　价　58.00 元
广告经营许可证　京西工商广字第 8179 号

中国经济出版社 **网址** www.economyph.com **社址** 北京市东城区安定门外大街 58 号 **邮编** 100011
本版图书如存在印装质量问题，请与本社销售中心联系调换（联系电话：010-57512564）

交流让投资更愉快

方三文 / 雪球创始人、董事长

在用户看来，我是一个长年待在雪球上的人。

我在雪球上发帖。几年时间，我写了几百万字的帖子。

我在雪球上直播。

我在雪球上向别人提问，也回答别人的提问。每天我大概要回答10～20个问题，一年下来，应该回答了几千个千奇百怪的问题。

我在雪球上管理投资组合和私募基金。

很多人问，你为什么老泡在雪球里？

我一般的回答是：寂寞呀。

确实是这么回事，生活是寂寞的，投资更加寂寞。在现实生活中，找到人交流投资类的问题，非常困难。雪球这样的投资社区，既使投资交流这件事的门槛极大降低了，也使投资中的寂寞得到很大程度的缓解。而交流中，内容超过狭义的投资，又是非常正常的现象。我不认为这些交流是没有意义的。对世界的认知、对人性的认知，跟投资的关系是极为密切而深刻的。

其实呢，我觉得，除了缓解寂寞之外，交流更具有实用方面的巨大价值。投资需要不停地拓展和加深自己对公司、行业、商业的看法。单个人都是信息的孤岛，拥有信息的绝对量是非常少的。但是，因为天生禀赋和阅历积累的不同，每个人也拥有独一无二的信息优势。对于别人来说“脑洞大开”的信息和观点，对于当事人来说，也许是用脚趾头就能想明白的常识。能够把这种单个人的信息优势组合起来，对认知拓展的威力是巨大的。雪球这样的投资者社区，就起到这个组织作用。我在使用雪球的过程中，经常有这样的感慨，对我最有价值的信息、最有启发的观点，通常都来自我的预期之外。那些传统意义上的认知权威，价值远远比预期小；而那些不确定的信息源，却经常提供意想不到的价值。

我想，这是我使用雪球的动力，也是用户使用雪球的动力。

用户在雪球的交流，沉淀了丰富的内容资产。这两本书里的内容，是从这些内容里面精选出来的。对于雪球的海量内容来说，这些只是沧海一粟；但对于作者来说，可能是别具意义的。在这里，把它们结集出版，一方面是感谢用户的贡献，另一方面，也希望它们对别的读者有用。

欢迎大家使用雪球，交流投资。

目 录 | 投资改变人生：那些滚雪球的人

生而不凡
投资实现我的人生价值

不甘庸碌

投资改变我的生活方式

拒绝宿命

投资是黑暗中的一束光

得失难量

投资是不变的一生所爱

生而不凡

投资实现我的人生价值

他们或是接受过专业的投资教育，或是从事过与金融相关的工作，是注定与投资结缘的一类人。投资之于他们不只是谋生的手段，更是实现人生价值和理想的必由之路。他们散落在五湖四海，却又共同在投资这一片星空中熠熠生辉。

投资，喜欢比选择更重要

| 黑色面包 |

编者语： 说起黑色面包，你会想到什么？是悬疑电影，还是减肥食品？本文的作者@黑色面包是一位资深美股投资者，看看他从0到1的投资经历，你一定会有所收获。

改变我一生的半小时

我本科就读于一所常春藤联盟学校，攻读材料工程，大三大四跟着导师做了一个海军的金属氧化物项目，在《自然》（*Nature*）期刊发表了一篇论文，并以全系第一的成绩被麻省理工学院（MIT）全奖录取，偶像是物理学诺贝尔奖得主理查德·费曼。但进了MIT以后，我发现做科研和学新的科学知识很不同。学科学知识，四年可以学科学史累积三百年的内容；做科研，则可能会投身于那三百年之中的十年或二十年。本科拼两年做科研可能还有点新鲜感，但我不想一辈子在实验室里待着，因此决意转到社科领域。但当时要转系又很难，我给哈佛和MIT的教授发遍了电子邮件，在绝望的边缘我恰巧碰到一位研究大宗商品结构性市场的教授在招人。那一天，和他半小时的对话，改变了我的一生。后来，我用一年的时间学了经济学本科四年的知识，授课老师不乏诺贝尔奖得主，比如长期资本管理公司的罗伯特·莫顿教授（Robert Merton，BSM 定价模型中的 M 就代表 Merton）。我就这样从自然科学转向了社会科学。2016 年，我和两位教授在社科领域的顶尖期刊发表了一篇预测钯的需求将会因为三相催化转化器更加普遍的应用、更加严格的环境要求以及改进的工艺而大幅增加的文章。这篇文章在之后的三年内并没有特别多地被引用，但最近引用数量激增。可惜的是，我没有把自下而上建模得到的认知以投资的方式实现财富的转化——而类似这样的错误，我还会犯很多次。国际市场钯的价格走势如图 1 所示。

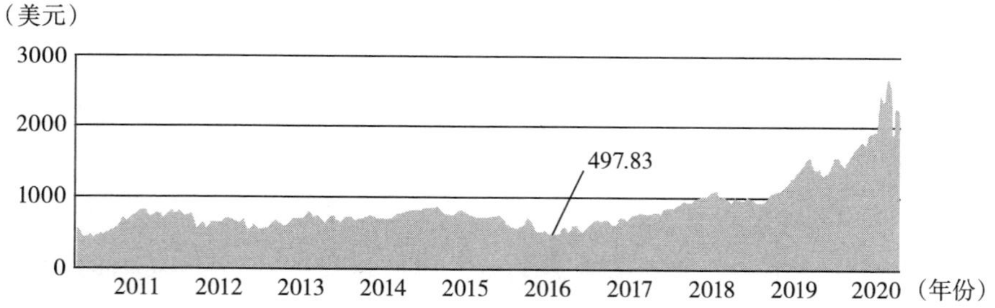

图 1　2011—2020 年国际市场钯的价格走势

第一桶金

与大多数 MIT 社科领域的博士一样，我的业界首选肯定是对冲基金。当时，我申请对冲基金的职位基本可以说是“横扫”，最后选择了一家全球排名前三、过去三十年平均年化收益率 38.6% 的自营交易企业，去了他们在阿姆斯特丹的总部。虽然薪酬不错，一年能赚两百万人民币左右，但交易员的文化氛围让我这个比较传统的人很不适应，而且起早贪黑写代码、把一切都交给机器，也让我提不起兴趣。我比较喜欢钻研企业的基本面、研究商业的本质。

所以，工作了一阵子之后，我还是决定去做价值投资。这段工作经历对我来说有两重意义：首先，它让我积累了一些财富；其次，由于看到公司通过高频交易、设备和算法的压倒性优势积累财富的过程，它让我日后彻底放弃了任何通过短线交易战胜市场的企图。

我的选股思路及案例分析

受到《安全边际》一书的影响，我特别想去塞斯·卡拉曼的 Baupost 基金工作，但经过一番努力后，发现希望渺茫。沮丧之际，我找出大波士顿地区所有的基金公司，并一一给他们发出电子邮件。有一个深度价值投资基金的董事长（下文称 J）给了我回复，说我的邮件写得很有意思，想和我聊聊，并让我带一个投资想法过去。我连夜准备了一个，并在第二天与 J 进行了面谈，他听完称赞这是一个很好的投资主意。

尽管他后来没有买入这家公司，但其股价确实在一年之内翻倍了。J 虽然没有说什么，但他是看在眼里的。他告诉我现在不招人，我说没关系，我免费给你打工。后来我免费给他工作了半年，终于有一天，他和另一个合伙人告诉我，要带我去吃午饭。他们把我引进了一个豪华餐馆，当我们一入座，就给了我一个信封，里面装着一封信，说准备给我一个副总裁的职位，还有整个基金的利润提成，这让我非常欣喜，J 也正式变成了我的职场导师。这封信我现在还夹在《聪明的投资者》这本书里。

我的选股思路受 J 的影响很大。他在过去二十年平均年化收益率跑赢市场3个百分点，曾是20世纪90年代鼎鼎大名的德雷曼基金的投资组合管理人。德雷曼与邓普顿一样，都是逆向投资的代表性人物。他们喜欢去寻找市场不喜欢的、估值较低的，但是未来前景不错的企业。这也是我喜欢的思路。

下面我用一个具体的投资案例来说明我的投资风格及选股思路。具体案例会比抽象的叙述更好地呈现事实。

J在华尔街做投资的四十多年里，经常投资一家叫桑德森农场（Sanderson）的企业（代码：SAFM）。这家企业过去三十多年股价一直是上涨的，给J提供了数次丰厚的回报。2018年，桑德森的股价从2017年底的170美元/股跌到了97美元/股。于是，J就让我去调研一下，看这是不是一个可以投资的契机。桑德森农场是美国的一家家禽加工企业，主要生产、加工并分销鸡肉产品。尽管这个行业的产品没有差异，但市场份额比较集中，头部玩家扩产也比较理性，因此供给端很少出现大幅增加的情况，市场竞争相对良性（各企业的市场份额占比见图2）。

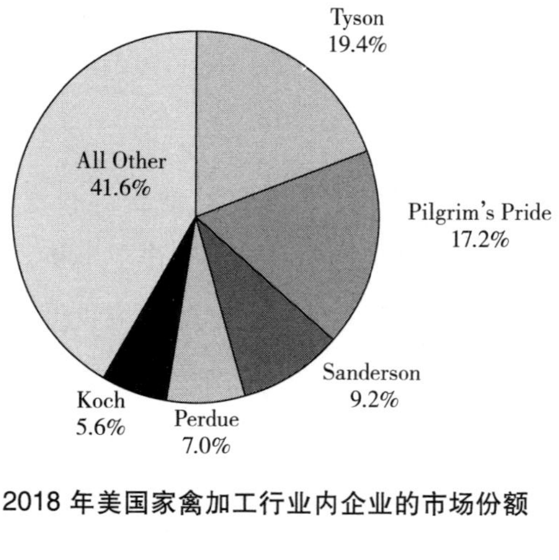

图2　2018年美国家禽加工行业内企业的市场份额

尽管如此，这仍然属于一个商品性行业，因此行业中公司的营业利润率和净资产回报率也呈现周期性。尽管行业内头部企业的营业利润率大概在6%、净资产收益率（ROE）平均能达到15%（见图3和图4）（我们希望投资那些ROE长期在10%以上的企业），但投资这类公司，选准切入的时机依然至关重要。

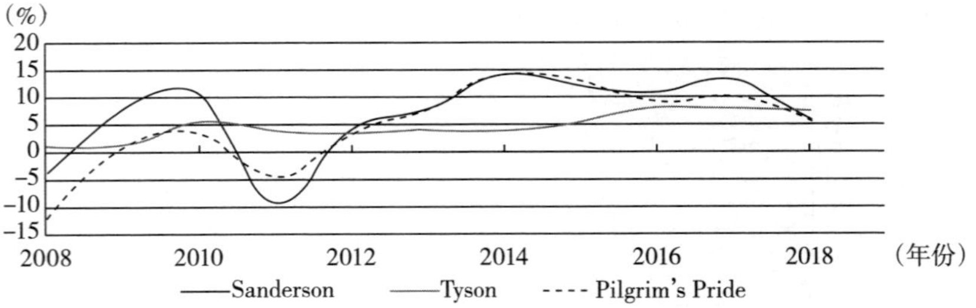

图3　2008—2018年美国家禽加工行业内3家龙头企业的营业利润率

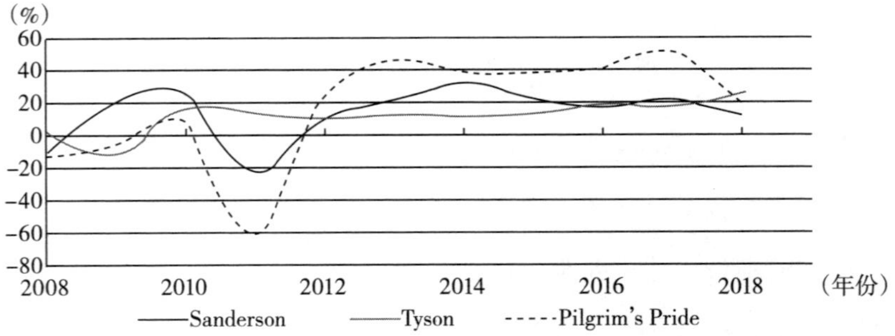

图4　2008—2018年美国家禽加工行业内3家龙头企业的ROE

我也对比了同行业的其他两家公司，发现它们的资产负债表在恶化。泰森食品（代码：TSN）在2013年有23亿美元负债，60亿美元权益；到了2018年年中，负债100亿美元，权益100亿美元。皮尔格林普拉德（代码：PPC）在2013年有9亿美元负债，14亿美元权益；到了2018年年中，负债26亿美元，权益18亿美元。桑德森农场则继承了其一贯的经营传统，没有任何长期或短期的负债。因此，我推断如果行业下行周期持续，那么其他两家竞争对手将不得不节制资本开支，以稳定现金流，而桑德森农场将得以实施逆周期策略提高其市场占有率。这是一个长期投资者所乐见的。

行业的宏观背景也很重要。供给端因为寡头格局，相对理性；需求端是否增长，便成为整个行业是否能健康成长的关键性因素之一。

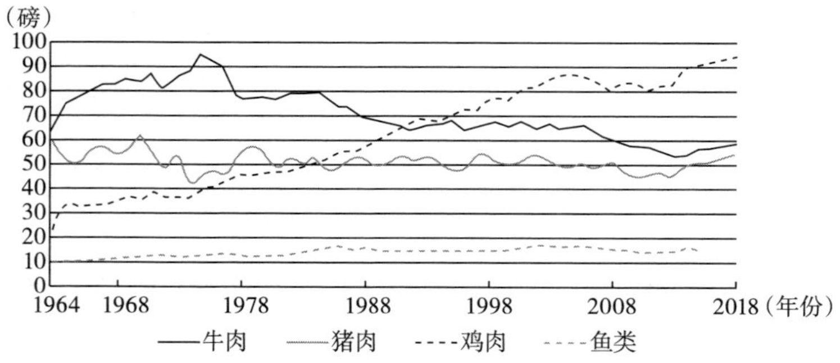

图 5　1964—2018 年美国人均肉类消费量

我从美国农业部的数据库中找到了有记录以来（1964—2018 年）美国人均肉类消费数据。从图 5 中不难看出，鸡肉的人均消费量经历了长期且相对稳定的增长，这主要是以牺牲牛肉消费为代价的。一方面，牛肉作为红肉，长期食用可能导致心血管类疾病和糖尿病，在健康意识与日俱增的美国，逐渐被人们所回避，而鸡肉普遍被认为更加健康。另一方面，牛肉从 2002 年到 2012 年，每磅价格从 3. 32 美元上涨到了 5. 02 美元，而鸡肉的价格仅为 2. 03 美元/磅，鸡肉的价格竞争优势也明显。我认为这个趋势不会在短期内改变，因此，在宏观需求端，桑德森农场占据优势。

接下来，我要了解这个公司的管理层。小桑德森（Joe Sanderson Jr. ）从 1989 年开始就是桑德森农场的 CEO，1998 年成为公司的董事长。在就任这些高级管理职位之前，他从1969年开始就在桑德森农场内工作，做过各种职位，最后才继承了父亲的家业。在他的治理下，公司的营业额从1989年的1.84亿美元增长到了2018年的33亿美元。小桑德森本人则将1亿美元的自有资金投资在公司里。我喜欢这样的公司，因为自有资金的投入通常意味着管理者和投资者的利益是一致的。

除此之外，小桑德森甚至还在2016年拒绝过他自己认为太高的工作报酬。他长期任职的丰富经验、成功履历、保守经营以及高尚品格都给我留下了深刻的印象。

另一个需要思考的问题是：为什么过去一年公司的股价大跌？毕竟市场不傻，了解市场的情绪和对手盘出售的逻辑，是获得投资成功的必要前提。

2018年对于桑德森农场及其同行来说，可谓多灾多难。佛罗伦萨飓风杀死了340万只北卡罗来纳的鸡，其中170万只是桑德森农场的，占其鸡苗的10%，另有60万只鸡因为洪水被隔离而无法被喂养。中美贸易摩擦也影响了桑德森农场的亚洲出口额（占销售额的20%）。再加上当年鸡肉价格意外疲软，但饲料价格，尤其是玉米和大豆的价格分别上涨了4.3%和15.5%。管理层认为鸡肉需求疲软是暂时性的，主要缘于缺少关于鸡肉的市场营销以及市场上充足的猪肉和牛肉供给。这符合我们对长期鸡肉人均消费增长的判断。

由于股价低迷，桑德森农场决定回购200万股股票，这部分股票占流通股的10%。同时由于现金流健康、没有负债，桑德森农场得以借助这个行业下行周期投入资金，新建一个养鸡场（泰勒工厂），这样能够增加9%的供给，进一步增加其市场份额。我认为佛罗伦萨飓风是一次性事件，贸易摩擦的影响也有限，而鸡肉和农产品价格本来就具有周期性，一两个季度的利润压缩导致的股价下跌，反而恰好给投资创造了好的契机。此外，并没有什么基本面的恶化，让我怀疑这家公司的长期前景。

掌握了以上信息以后，最后就是要确定介入价格了。桑德森农场因为没有负债，所以可以用市盈率（PE）来分析。历史上桑德森农场的平均正常化市盈率为 8～12 倍。假设营业利润率正常，税率为 30%（特朗普减税之后这个数字其实更低），并假设泰勒工厂投产，那么桑德森农场的正常化净利润在 2.5 亿美元左右。假设公司实行回购，那么给予 8 倍市盈率，每股价值约 96 美元（2.5 亿乘以 8 除以 2084 万股流通股）；如果给予 12 倍市盈率，每股价值约 144 美元。当时桑德森农场的股票市价为 97 美元，是买入的好时机。

我在公司的投资者会议上陈述了分析和投资逻辑，J 赞同我的分析，并以 100 美元的均价买入了该股。2019 年 9 月，大概一年的时间，行业就恢复了正常，股价上涨到了 150 美元。因为我们知道估值的上界大概在 145 美元，所以在 150～160 美元的区间出售了这家公司的股权，一年内获得了 55% 的投资收益率。

投资中最失败的案例

2018—2019 年投资不顺的时候，我也问过自己：选择深度价值，逆势而为，到底是不是一个错误？我为什么要放弃拥抱科技和趋势，为什么要放弃高薪的量化交易工作，选择被高频算法写手看不起的读财报呢？但是一想到在价值投资这个领域碰到的许多朋友，以及自己在这个过程中逐渐深化的对企业和商业模式的理解，便觉得这一切是值得的。

我刚开始做价值投资的时候很顺利。A 股自然不用说，2015—2016 年简直是价值投资的黄金岁月，大白马被严重低估，创造了很多现在想都不敢想的投资契机。即便是美股，在雪球上我一开始写或者推荐的一系列股票也涨势喜人。譬如 40 美元的欢聚时代（代码：YY）很快翻了三倍，达维塔保健（代码：DVA）涨了 60%，探索频道（代码：DISCA）几乎翻倍。福祸相依，当时轻松赚得的收益，也给后来我的过度自信埋下了祸根。

2018 年 10—12 月，我开始关注一家叫安泰罗资源（Antero Resources，AR）的公司。这家公司当时的账面价值为 26 美元/股，股价为 16 美元/股。我其实自 2017 年以来就有小部分仓位——我多希望亏损的仅仅是我一个人！不幸的是，我把这家公司推给了我们的基金。AR 是一家在阿帕拉契亚盆地开采凝液丰富的天然气的企业，占有马塞拉斯页岩层（Marcellus Shale）核心的区块。当时我对这家公司已经非常了解，随着股价不断下跌，我给基金的委员会写了一封电子邮件，邮件的名字叫："如果安泰罗不飞，我将直播吃一只 iPhone 手机。"这大概（也希望）是我此生发过的最愚蠢的邮件。

邮件中阐述的几个大的投资逻辑如下：

第一，AR 以 60% 的账面价值交易，公司每年可产生市值 10% 的自由现金流。因此，目前的估值太低。

第二，经营现金流和营业额，都会因为海洋东线 2 号线的上线，把天然气凝液（售价将从美油价格的 50% 增加到 70%）从阿帕拉契亚盆地运到国际市场而得到改善。

第三，明年债务比将会下降，债券将获得投资级评级。

第四，公司决定回购价值 6 亿美元的股份，有助于对股价形成支撑。

第五，原油每桶 40 美元，天然气 2.5 美元/百万英热①的时候，AR 的交易价格为 22 美元/股；而现在原油每桶 60 美元，天然气 3.84 美元/百万英热，AR 的交易价格却变成了 16 美元/股。

第六，公司管理层 Paul 和 Glen 是资本运作的高手，在 45 美元和 28 美元两次增发股本，同时管理层激励机制健全，80% 的激励来自股价表现好于同行的程度。管理层和投资者利益一致。

第七，埃克森美孚在 2009 年买下 XTO 能源时，每千立方英尺的天然气储备支付价格为 2.96 美元，而 AR 的交易价格意味着它们的天然气储备支付价格为 57 美分。

最后，其他投资者的看法对我们也有借鉴意义。《安全边际》的作者，塞斯·卡拉曼的平均买入成本为 24 美元，并不断增持；勇士基金的格兰·格林伯格买入价格为 22 美元。后来，由于早期投资者华平基金退出，抛售 1300 万股给花旗银行，导致股价大跌，这种非基本面相关的抛压，正好为我们的买入创造了不二良机。

这些原因，构成了我敢下注吃 iPhone 的主要支撑。J 收到邮件，回复说："你的投资逻辑很好，但我不接受你吃 iPhone 的建议，因为吃 iPhone 可能对你的身体造成伤害。"

接下去一周，我们对是否要投资 AR 进行了激烈的辩论。公司的另外两位委员会成员对 AR 没有什么好感，但他们提出的一切问题都被"知识渊博"的我以雄辩驳回。我对自己的知识和判断得意扬扬，并当着所有人的面说："如果这只东西不飞，我这辈子再不做价值投资！"J 笑了，幽默

① 英热（British thermal units，Btu），全称为英国热量单位，为美、英等国采用的一种计算热量的单位。

地说："这可是你说的，我刚才在桌子下面装了一个窃听器。"

更要命的是，我将投资逻辑撰文发表在了雪球上。我知道早期不少相信我的投资能力的朋友都买入了这家公司，但我不知道对这家公司的投资会以多么悲剧的结尾收场。

2018 年的那个冬天，天然气价格短暂飙升到了 5 美元/百万英热，很多做空天然气的交易员血本无归，但 AR 的股价不断下跌，到了次年 1 月，已经跌到了约 12 美元/股。如此巨幅且迅速的下跌，给我们的头寸造成了极大的损伤。

我迅速找到 AR 的投资者关系部负责人丹·卡森堡（Dan Katzenberg），询问到底是怎么回事。丹大惑不解地告诉我，他也不知道为什么资本市场会如此，"但我们会积极管理市值，你放心。"他如是承诺。

AR 的管理层确实这么做了。他们把在 2018 年四季度因油气价格双高产生的 1.29 亿美元现金流，用于在 12 美元/股的价格回购公司 3% 的流通股。同时他们重组了对冲组合，在 3 美元/百万英热的气价前瞻曲线的背景下，用二领期权（two-way collar）替换了掉期（swaps），并用该过程产生的 3 亿多美元来偿付债务。他们的逻辑很简单：天然气价格太低了，现在将对冲转化为现金，正是时候。我当时赞同了他们的观点。

而且，2018 年整一年，天然气的库存都处于低位。基于库存低的前提，勘探者得出的结论自然便是：天然气供给不足，价格有足够的支撑。

然而我以及 AR 的管理层没有意识到的是：这一关键因素（天然气价格因库存得到支撑），起着支撑我们所有投资逻辑的作用，但这一看似牢不可破的假设，其实弱不禁风。作为一个研究复杂系统的人，我竟然忘记了读博士期间导师告诉我的一条研究流量－存量（flow-stock）系统最关键的信条：流量比存量更重要！

2019 年伊始，天然气勘探企业陆续发布了生产前瞻指引，相关企业[①] GPOR、EQT 和 CNX 产量持平，AR 增长 17%，RRC 增长 6%，SWN 增长 10%，CRK 增长 10%。我大概算了一下，需求预期增长 3%，供给平均增长 4%，考虑到库存低位，价格应该能够得到支持。

然后，我们经历了一个温暖的肩季（一般指冬天和夏天之间的 4—5 月，英文为 shoulder season），凉爽的夏季，以及一个 140 年来北半球最暖和的冬天；再然后，新冠肺炎疫情突如其来，沙特阿拉伯和俄罗斯开启原油价格战，"带崩"天然气凝液价格，股市崩盘，AR 濒临破产。2019 年 4 月，AR 的债券是阿帕拉契亚地区的能源公司中，唯一的以高收益评级按账面价值交易的企业债券，而到了 2020 年，其债券正以面值的 30% 进行交易……这一切，都发生在一年中。

当然，我和我们的公司，没有等到那么晚。

AR 的投资逻辑中还有一个关键性的命门，就是其 47 亿立方英尺的天然气固定运输成本。2018 年 AR 的产量不到 30 亿立方英尺，由于固定运输合约要求对未达输送标准的产出也进行收费，AR 不得不在任何宏观天然气价格下增产，否则就要支付每年高达 2 亿美元的违约费，即使当时天然气的价格仅为 2018 年的一半！2019 年 4 月，我无法压抑内心的怒火，对丹再次开炮，痛斥他们在经营战略上的失误。那次交流非常不愉快。

我对 AR 的策略完全不支持，建议他们尽快卖掉固定运输合约，因为那时候天然气价格还比较高，这些合约能够以不错的价格出手。丹告诉我，AR 的 CEO Paul 仔细思考过这个策略，但他认为几年之后气价会大涨，这些合约会非常值钱，所以惜售。我告诉他："你们 2021 年 11 月将有不少

---

① 此处以相关上市企业的股票代码指代公司。

债务到期，要赶紧展期一下。”他说没关系，还有两年多的时间，有的是机会展期，何况他们的债券以票面价值交易。我告诉他们应该出售当时12美元/股的AR中游资产来偿债，他说当时中游刚被纳入标普中小400这个指数，还有上涨的空间（现在AR中游的股价为3美元/股）。简而言之，他拒绝了我提出的所有建议，并维持对天然气无敌乐观的态度。

我回头就向J建议，AR管理层有点异想天开，我们是否考虑减仓。J说他会考虑。当时AR的价格距离我们的买入价已经腰斩，大概在8.5美元/股左右。到了6月，我和J又给AR的管理层打了一个电话，这次和我们交流的是他们的一位SVP（高级副总裁）。交流结束，我们对管理层执意在天然气低价的位置扩产感到彻底失望，认为这个公司已经失去了出售固定运输合约的契机，同时认定天然气供大于求的现状不会改变，因此决意出售。我们的平均售出价为5.7美元/股，半年损失高达64%。AR变成了2019年轰轰烈烈的大牛市中，我们投资组合中表现最差的公司，我也多次在J的致投资者信中被不点名地批评。

我并不很在乎这些，但对于让客户赔钱这件事，我一直耿耿于怀。尽管最近J还安慰我说，他重新看了一遍我2018年写的投资逻辑，依然认为是合理的，并告诉我，能在30岁的时候被杀杀锐气，有助于我的成熟和成长。但我还是为自己的过度自信和随之而来的“晦气”自责不已，也为J对我的宽容感到深深的羞愧。

如果说有什么经验教训的话，或许可以做如下总结：

首先，对价格的分析，流量比存量更重要；价格走牛的信号，只有在存量和流量双重确认的前提下才是可以依赖的。

其次，对很多经营大宗商品的企业来说，固定运输合约也是负债的一种，在衡量负债和权益的时候，不能置若罔闻。穿越商品价格强周期的关键法宝除了低成本就是低负债，但讽刺的是，我对桑德森农场零负债的青睐，没有完全转化到我对 AR 的投资研判中去。

最后，面对迅速变化的宏观环境，必须及时更新自己的先验假设，才能对概率有比较准确的判断。谁都不喜欢认错，但认错比赔钱好得多，尤其当这个钱还不是你自己的钱的时候。有时候光顾你的不是幸运女神，而是“晦气女神”，这就是生活和投资的一部分，这也是为什么安全边际在投资中如此重要的原因之一吧。

历经磨难，我认为投资中最重要的事，就是牢记沃尔特·施洛斯援引的格雷厄姆的训诫，“斯宾诺莎曾言道，你当用永恒的观点看待问题”。

综观牛熊交替，我感触最深的是，“这也终将过去”。

未来看好的行业投资机会与投资心得

在未来 1~3 年，我看好北美的页岩气行业。页岩油行业的收缩造成伴生气供应的大幅下降，叠加页岩气行业本身已经在收缩，供需将重新平衡，一系列页岩气公司都将受益。我在 2020 年 3 月 9 日的油气访谈中给“球友”提供了四个页岩气的标的，EQT 和 CNX 已经翻倍，RRC 涨了 60% 多，COG 涨了 20%。我认为这些公司各自还有 1~3 倍的上行空间。

在未来 3~5 年，我看好北美页岩油行业中的低成本竞争者，尤其是我给“球友”推荐过的在二叠纪盆地的几家优质勘探企业，如 PXD、FANG 和 CXO，还有横跨四大盆地的“页岩油行业的哈佛”——安然油气（代码：EOG）。其实在投资领域，我覆盖的行业挺多的，不光是大宗商品。石油行业也只是大宗商品领域的一个分支。但是可能因为我最早写了 AR 这篇文章之后，觉得让不少相信我的“球友”亏损了，所以不断更新这个领域的知识，久而久之，给人一种我专注此领域的认知。

总体来看，我认为投资油气行业，要把握三个核心原则：

第一，债务高的企业千万不要碰。尽管在牛市中债务能让你如虎添翼，但在熊市中债务也会如泰山压顶一般让你喘不过气来（有兴趣的读者可以在雪球搜索我写的案例《切斯皮克能源的献祭》）。先锋资源在 1997 年与能源大亨布恩·皮肯斯的麦莎能源合并，继承了许多债务，亚太金融危机和俄罗斯卢布危机让该公司市值缩水 90%，差一点就压垮了这家企业。自那以后，CEO 谢菲尔德发誓，此后先锋资源都要轻负债运营。这个理念一直保持至今，也保证了先锋资源在这个能源的大熊市中，保留着行业中最稳健的资产负债表。我与先锋资源的管理层交流的过程中，他们的一句话深深烙印在我的脑海中，"别试着做英雄，活下来再说"。财不入急门，慢即是快，不疾而速，其旨一也。

第二，土地质量糟糕、没有规模经济的企业千万不要碰。油气行业中，除了先锋资源，最受人尊敬的便是 EOG 了。这家公司是从安然公司中分拆出来的，在页岩革命先驱马可·帕帕（Mark Papa）的带领下高歌猛进，成了页岩油领域的"一哥"。马可·帕帕从 EOG 退出之后，又成了百年资源开发（代码：CDEV）的掌舵人，可是这次命运女神没有垂青他。百年资源较小的规模和不济的资源禀赋导致了较高的开发成本。无论掌舵者多么声名显赫，也拗不过脚底下踩着的油田质量。

第三，没有回馈股东意愿的企业千万不要碰。从前，油气行业的管理层曾以产量增速快为傲，但这几年来由于资本市场收紧，股东要求回馈，油气行业的管理层逐渐走向自由现金流模型的策略，在减慢产量增速的前提下，尽可能产生自由现金流、回购股份，或增加分红。

给初入股市的投资者的一句话

如果选择投资这条路，你要喜欢分析企业本身，要对公司和商业模式感兴趣，而不是单纯为了赚钱。股市在统计学意义上很难让你变成那个一夜暴富的幸运儿，大多数勤奋而聪明的投资者需要几十年如一日的积累，才能让复利展现其威力，而且你很难不成为那个尽管实力高超但时运不佳的背运鬼。在命运面前，休说公道。因此，选择自己喜欢做的事最重要。

投资改变命运：从银行金饭碗到职业投资人

| Alex 价值发现者 |

编者语： 在绝大多数人的眼中，能在“高大上”的金融行业工作，每天西装笔挺进出高端写字楼，是一件非常令人羡慕的事。

而本文的主人公不仅从事很多人眼中光鲜亮丽的金融行业的工作，更是获得了普通人难以企及的成就：在一家大型国有银行，他成为最年轻的高级经理之一，并且成立了以他的名字命名的理财工作室。他还曾荣获金融行业一线青年员工的最高荣誉——全国十大金融青年岗位标兵。

说到他在银行的职业发展前景，用一位前同事的话说，就好比一只下有高保底收益、上不封顶的可转债，已经手拿金饭碗。在这种情况下，是什么让他毅然辞职选择了职业投资之路呢？

我放弃了个人职业发展的大牛市

2008 年我加入中国银行，开始了近十一年的银行职业生涯。

这是一个大平台，给个人职业发展提供了广阔空间。在我眼里，这还是一所学校，我可以学到很多东西。每天下班后，当同事们都已下班回家，我还在办公室里埋头学习投资理财的知识与实务。熟能生巧，我渐渐地能够轻松说出几百只基金的名称、代码、投资风格，甚至重仓股，被同事们誉为基金界的“最强大脑”。

工作九年后，我因为出色的工作表现和突出的专业能力，被破格提拔为高级理财经理，成为中行系统内最年轻的高级经理之一。由于连续多年荣获多项理财大奖，我在行业的知名度也越来越高。银行以我的名字成立了理财工作室，这是对我工作业绩和能力的巨大认可。

随着经验的积累，我开始在知乎等互联网平台分享自己的投资经验和市场观点，关注者数量迅速增长，知乎关注者超 37 万，雪球粉丝超 5 万。我开始在《零售银行》《消费者报道》《投资与理财》等多家杂志上发表文章，并成为财经畅销书《金钱有术》的联合作者。随着影响力的扩大，我还曾受邀参加东方卫视、重庆卫视、广东卫视等电视台经济节目的录制。

2018 年对我来说是职业生涯的转折点。我开始思考切换人生赛道，想去互联网金融公司。要放弃一份在外人看来甚为体面的工作，没有我想象的那么简单。职业发展变化，不仅是个人问题，更是会牵一发而动全身。

但是最终，我还是跳槽到了蚂蚁金服，进入了当时风光无两的互联网金融行业。

意外的是不到一年时间，我就离开了。在工作过程中，我发现自己和这份工作的契合度并不高。但是选择离开，又需要足够的勇气。在纠结和痛苦中，我想清楚了两件事情：

第一，这份工作真的不适合我；

第二，我有更好的选择——做职业投资和个人自媒体。

可能很多人会认为这是一段失败的职业经历，会劝我应该继续坚守原来那份光鲜亮丽的工作。但是我觉得最重要的是自己认可自己，而不是别人的评价。不活在面子里，不以别人的评价决定自己的情绪，不把主动权交给别人，是我当时最大的感悟。

能够再次选择职业赛道，需要来自内心的自信。我的信心，来自实战业绩，来自理论功底，来自理论与实践的充分结合。

一个人真正具备了投资实战能力后，还担心找不到工作吗？

卖房买股，我是认真的

2018 年 9 月，那时的 A 股处于熊市，市场一片唉声叹气，和现在的景象完全不同。

在我提出了卖房买股的观点后，马上就有一大批人反驳，我顿时遭受了“一万点暴击”。

其中有一条评论是：“A 股都熊成这样了，你还想诓我卖房炒股？”

但是不管怎样的“围攻”，对我都没有什么效果。卖房买股，我是认真的。

其实我提出卖房买股，并不是拍脑袋做的决定，而是基于对市场规律的深刻认识和实战的经验。无论是研究过往股市波动规律，还是自身十年的投资经验，都明确地告诉我：在历史估值低位满仓杀入，是成功投资的关键。

方向定了，剩下的就是执行。可是阻力、困难是无处不在的，只有坚定的信念加上智慧，才能克服一切困难。最终，卖房成功！

做了这么多年投资，遇到的真正重大的机会，也就只有三次：第一次是 2008 年底，但那时候我刚入行，没有形成对市场的判断，也没有本金；第二次是 2013 年底，我把握了机会，但是资金量有限；第三次显然就在

2019 年。2019 年初卖房成功后，我满仓入市，获得了非常可观的收益。

我的经验告诉我：把握机会不是关键，在多大程度上把握机会才是关键。所以我要把其他升值潜力不如 A 股的资产转为 A 股资产，这样才能更充分地把握这一次历史性的机会。

当然，卖房买股这个做法其实并不值得大多数人学习，尤其是如果你要卖出的房产是你唯一的居所，就更不值得提倡。即使你有这个想法，也要权衡这样做的后果是什么。毕竟，投资的本质是为了提升幸福感。[①]

成为职业投资人

如果说工作就像恋爱，那么我现在的工作就像是互相暗恋的人终于走到了一起。因为对我来说，这几乎是一份完美的工作：从事自己最感兴趣的投资管理，同时有灵活、弹性的工作时间和空间。

这或许就是理财规划里描述的“三自”理想人生：自由、自主、自在。为了这一刻，我奋斗了十一年。

不管是过去的从业经历，还是当下的完美工作，从加入有百年历史的中国银行，到成立二十多年的互联网巨头阿里巴巴，再到已经过了十岁生日的雪球，我一直在坚持做一件事——专注于投资理财领域。

最终我成为职业投资人，是水到渠成的。

十几年来，我坚持撰写投资笔记，目前总字数已超百万字。在撰写过程中，我也逐渐形成了自己独有的知识框架和理论体系。每一段经历对我

① 编者注：卖房买股是作者对自身经历的客观描述，编者不建议此种操作，并再次提醒广大读者谨慎投资、注意风险。

现在的投资理念都有贡献，我都从中受益良多。

当然，我很庆幸自己一直心怀梦想：在遍地捡“六便士”的时候，也抬头看了看“月亮”。

《阿甘正传》带给我的感悟

最近，我重温了一遍我最喜欢的一部电影《阿甘正传》，这部电影可谓影响了几代人，很多人被电影中阿甘的传奇人生触动，被里面的一些温馨和美好的情节打动。

阿甘的人生，仿佛时刻都在被幸运之神眷顾：

他曾在猫王面前展现舞姿，成就猫王独特的舞步；

大学毕业时成为橄榄球明星，受肯尼迪总统接见，上了电视；

战争结束后作为英雄，被授予荣誉勋章，获约翰逊总统接见；

用当时身上所有的钱买了一艘捕虾船，却阴差阳错地在飓风的帮助下，成了捕虾大亨；

……

阿甘成了家喻户晓的人物，实现了珍妮的梦想；成了战斗英雄，实现了丹中尉的梦想；成了捕虾大亨，实现了布巴的梦想。

阿甘如此平凡，却如此幸运。他曾给我们鼓舞、激励，让我们对美好未来充满希望。看过电影的人们都曾梦想像阿甘一样幸运。

但电影终归是电影，现实是很残酷的。

事实上，生活中99.99%的我们，都只是平凡的珍妮、丹中尉、布巴们中的一员而已。

我们都向往美好的人生，希望通过自己的努力，决定或改变命运。这是一种向往美好的意愿，但现实生活中，在各种随机事件与偶然性的作用下，生活的走向往往是不受控制的，所以能够改变命运的往往只是一小部分人。与其说像阿甘般幸运是一种梦想，不如说是一种幻想。

无论是在枪林弹雨的战场上躲过每一次炮击和子弹，还是因为飓风带来大量的捕虾收获，又或者是经历那么多重大历史事件并扮演其中的关键人物，完成以上任何一件事，似乎都要“用完一生的运气”。

所以电影中，除了阿甘，所有人都不能决定自己的命运。然而，在真实的世界，阿甘所经历的重要事件、遇到的重要人物都是真实存在的，唯独阿甘是虚构的、不存在的。

但并不是说人生就是注定无法改变的，阿甘在珍妮墓前说的那段话才是重点：

“珍妮，我不知道是妈妈对，还是丹中尉对，我不知道，是否我们每个人都有注定的命运，还是我们生命中只有偶然，像在风中飘？……但我想，也许两者都有吧。”

而阿甘不可能存在于投资领域。

投资中各种环境与因素瞬息万变，不确定性与偶然性不可分割。即使如“股神”巴菲特，也时常有失利的情况。不能因为一时获利，就认定自己是天选之子。真实的情况可能是因为你所做的投资决策刚好跟当下的市场一致，仅此而已。

但就像阿甘所说的，人的命运是“注定”与“偶然”同时存在的，投资也是如此。

投资中，出现偶然事件是十分常见的，而且有好有坏。国家重大政策变动，你持有的某只股票突发利好或利空，甚至基金经理生病，这些都是偶然事件。我们既无法预知偶然事件什么时候发生，也无法预判它什么时候结束。但我们可以通过不断学习投资知识、完善投资体系来提高对投资的认知，从而提升我们应对偶然事件的能力。

这样，在面对正向的偶然事件时，我们可以赚上一笔；面对负面的偶然事件时，即使是在极端情况下，我们也可以存活下来，甚至还可以利用机会增加收益。所以，在投资中，我们要少一些幻想，多一些对偶然性的敬畏。这是我作为职业投资人的信条。

这就是我的故事，一个投资改变命运的故事。

股票让我歪打正着地实现人生理想

| 加班的会计 |

编者语：他曾是雪球社区中格力电器、双汇发展、招商银行这三大名股的忠实拥趸，既是财务分析领域的实力选手，也是现实生活里憨态可掬的帅气小伙。他叫@加班的会计。

上了投资的船

我本科读的是药学专业，本来对资本市场一无所知，大学时光的前半段都沉浸在游戏里。大三时，我开始为自己毕业以后到底干点什么做打算，无意之中发现注册会计师（CPA）培训机构的广告——“通过 CPA 考试，未来年薪 30 万”，由此就上了“贼船”。

后来我就拿下了 CPA 资格证，读了会计专业研究生，毕业后在某央企做合并报表相关工作，这是一段收获颇丰又非常痛苦的经历，天天加班（含节假日、春节），我的网名由此而来。幸运的是我刚毕业就能接触 6000 亿元的合并财务报表，把财务数据“车间工人”和“车间主任”的角色干了一遍，这为我日后的投资事业打下了坚实的基础。

由于做报表太枯燥，我又改行试了试股权投资和券商、投行的工作。

总而言之，我一直在任性地寻找自己的人生方向。经过多年的“颠沛流离”，我很幸运，找到了自己的最爱——二级市场证券投资。

与格力相伴十年

在开始学习 CPA 之后，我便对资本市场有了一点了解，自己平时也会关注这些信息。2009 年股市大涨后，作为一棵“韭菜”，我被吸引到了股市里，跟家里借了点钱，闭着眼睛瞎买了格力电器、中联重科。当时我其实什么都不懂，只是觉得市盈率低，公司不错。后来中联重科亏了不少钱，索性全卖了，都买了格力电器，原因还是格力市盈率低，再加上它在空调领域是最好的公司。

这一买开始，我持有格力电器十年，工作后每逢有钱了就再加点仓。以今天的视角回头看，其实我早年从没有真正理解过格力电器。我仅仅能从财务报表上看到不错的经营业绩和财务状况，以及满街的格力空调，甚至在国外旅游也能看到格力空调，因此，这时的买入操作可以看作基于常识的选择。另外，耶鲁大学基金一直持有格力，这一点也给了我很大的信心。

之所以在不懂的情况下持有格力那么久，也是因为我工作很忙，没有太多时间做研究，另外也没有很好的研究方法，没有能力寻找新的投资标的。2014 年，我也只是照着耶鲁大学的 A 股持仓抄抄作业。

2015 年牛市，我追加资金买了不少乱七八糟的公司，名字都记不住了。当时我也懒得看报表，别人说啥听啥，不负责任的做法自然造成了严重的后果，亏损很大。

2016 年我痛定思痛，决定做投资还是要靠自己研究，不能再胡来了。因为自己学会计，有能力看报表，对技术分析等内容毫无兴趣，同时，尝试过短线交易后我发现既耽误时间也没赚过钱，于是自然而然地选择了价值投资，增持格力电器、中国太平等，自此就开始回血赚钱了。

2017 年，我开始科学投资。当年 3 月艾默生发布关于中国宏桥的做空报告，质疑其成本、货币资金造假，虚增利润。因为我出身电解铝行业，所以一开始便怀疑做空报告的真实性。我用上市公司的公开数据，从煤炭、火电、氧化铝、电解铝等各个环节逐一验证，确定宏桥成本真实，并未造假。

另外，虚增利润也一定意味着虚增资产，我逐一以重置成本计算其固定资产，发现中国宏桥不仅没虚增资产，反倒是建造成本远低于同行、折旧比例远高于同行，业绩造假的企业绝不会这么做。

因此，我判断中国宏桥被“错杀”，并基于自己的研究成果下注。半年后复牌，中国宏桥股价大涨，我卖出获利。当然电解铝算不上是一盘好生意，且背后对抗的市场力量也不强，但这是我第一次对抗市场。其间安永会计师事务所撂挑子，拒绝为中国宏桥继续提供审计服务，还有很多其他负面信息，我也恐慌过，但最终我选择相信自己的逻辑和判断。

2018 年，经朋友指点，我开始将经济知识与财务报表分析结合，从做生意的角度分析上市公司。后来我开始在雪球写文章分析格力电器，本来想通过写作来训练自己的研究分析能力，却意外得到了周围朋友和“球友”的支持与认可。几年来，我写了大量关于格力、美的等公司的分析文章，每篇都有上百万阅读量，甚至有业内人士向我请教，券商研究报告也借鉴了很多我的观点，这着实让我惊讶。

自 2018 年起，持有格力便成了真正的科学投资。当你清楚格力的价值后，除非有更好的投资机会，否则在低估的情况下又怎么会半途下车呢?

这便是长期持有的投资逻辑，知行合一。

2019 年，我再接再厉，从产销均衡视角出发，逐一研究了食品饮料行业的各类生意，比如白酒、乳制品、榨菜、酱油等。通过研究，我已经拿到了“藏宝图”，接下来的日子只需要安心地在荒漠里寻寻觅觅，做好自己该做的事即可。

我的投资体系通俗地说就是深度价值投资：基于对生意本质的理解，对成长性做出判断，并使用财务报表数据进行验证，以确保胜率。另外，为了获取高收益率，我必须寻找被市场定错价的企业，所以我的研究成果经常需要与市场为敌。就我目前了解，我的投资逻辑与市场上的其他方法不一样，因此在研究投资标的的过程中，基本上是没有同路人的。

投资中最重要的事

我认为投资中最重要的就是独立思考。现在是信息泛滥的时代，投资圈的人很多，不论是否专业，每个人都能发表一些自己的看法。可是，大多数人只是人云亦云，以价值观评判，而不以事实验证，具备客观评价事物能力的人实在不多。所谓观点，大多是噪声。

市价是市场参与者集体投票出来的结果，反映了当下所有人的观点，但实现高收益率就必须发现市场定价的错误。如果向市场求证观点，如何能得到答案？这岂不是南辕北辙？

综观牛熊交替，就我个人情况而言，我不喜欢牛市，因为它会妨碍我的持续买入。我选择的标的都是成长型公司，且与市场有分歧，因此我不需要牛市，只需要一份份公开披露的财务报表，便可以纠正市场观点，实现较高的收益率。

四次与市场为敌的投资经历

我的投资生涯并不长，主要有过四次与市场为敌的投资，在此与大家分享。

第一次是中国宏桥，前文已经说过了，不再重复。

第二次是招商银行。在我眼里，招商银行是中国最好的银行，凭借其优质的服务获取了低成本的存款优势，又以低利率抢夺最优质的客户，从而降低风险。低成本存款与低风险客户两者相互促进，良性循环，构筑了其强大的“护城河”。2017 年以来，招行的资产质量优势逐渐被市场认可，开始估值修复，叠加业绩增长，这段时间的投资回报率还不错。

我在雪球发布过 4 篇关于银行业的生意分析，其中最后一篇介绍了本人卖出招行的逻辑，即对银行业资本充足率的管制使其长期投资回报率下降，无法超过 20% 。

从本质上讲，银行的生意是撮合存贷双方的资金需求，为储户和贷款人服务，可谓是“一本万利”。但管制下，银行不能自主选择回报率最高的资产配置，只能一边发行各种资本工具补充资本金，一边大比例增持政府债券，而盈利也不能过多用于分红。

优秀如招行也不能突破这一行业限制，这一点在财报中痕迹显著。招行既不能全力发展高回报的零售业务，又被限制了杠杆率，资产回报率自然是被压制了。招行减值前利润增速已经下滑很久了，长期投资回报率必将下降。

2019 年 5 月我在雪球发表以上内容时（有兴趣的朋友可以查阅我的专栏），一下子“点燃”了雪球社区中最大的投资者群体——银行股东，一时间各路大 V、专业银行研究者、从业人员群起而攻之，争论了好几天，最终不了了之。再后来有些大 V 开始引用我的观点，因为从近几期招行及同行披露的财报中可以看出，管制带来的影响已经在报表中体现得很清晰了。

如果对资本充足率的管制进一步加强，我认为招行未来的长期投资回报率就不会超过 20% 了。当然，还有朋友将信将疑，那我们就一起等待时间的验证吧。

第三次是双汇发展。2019 年 5 月，我在雪球发布关于双汇发展重启增长的文章，当时质疑的声音很多，毕竟双汇已经是第五年业绩停滞了。部分投资者对火腿肠印象很差，认为其代表低质垃圾食品。与此同时，双汇在 2019 年第二季度净利润下滑 16%，这一切都说明我彻彻底底地站在了市场对立面。

后来经过同行业对比，我确定是双汇的经营策略导致了其业绩背离行业整体表现，进而导致其股价被“错杀”。马相杰在 2019 年 4 月将双汇的业务策略解释为“猪价涨得快，鲜品用得多，冻品留着以后用；猪价走平的话，就消化冻品”。对于双汇而言，在知道猪价即将暴涨的情况下，即使当时第二季度的鲜肉再贵，也比暴涨后便宜，而冻肉放着总会涨价，再加上鲜肉冷冻、冻肉解冻都会产生额外成本，故优先使用鲜肉最划算。同行由于资金窘迫，且消化冻肉能力较弱，才在第二季度优先使用冻肉。

因此，双汇在第二季度优先使用鲜肉，在猪肉急涨的背景下，肉制品的成本相比同行快速上升。同行的肉制品毛利率基本稳定，这位行业老大的低温肉制品毛利率，反而同比下滑 6 个百分点。

2019 年三季报已经证实了上述观点，双汇业绩继续增长。关于双汇的涅槃重生，留给时间继续验证吧。

第四次是格力电器。2020 年 3 月，我在雪球发布了关于空调行业“天花板”的文章①。这篇推断“天花板”的文章，一时间炸了马蜂窝，大 V、“球友”蜂拥而至，他们认为我是叛变者，批驳我道德差、格局小、视野低，只会看财务数据，是一名狭隘的会计、研究员，对生意毫不了解。当然，没人从文章中的事实和逻辑反驳我，他们只是在给我“贴标签”，甚至也没多少人认真阅读我的文章，他们的反驳只是因为我触动了他们的利益。

我当看笑话一般不与他们争执，因为之前这些人都在夸赞我“分析格力水平高”，可说了他们不喜欢的实话，我便成了他们的敌人。一直以来我写格力、美的都是在陈述事实，从没有夸谁、黑谁的意愿或行为，但我一直被当作“格力粉、美的黑”。现在我成了所谓的叛徒，成了双方共同的敌人。当然他们的质疑不会影响我的判断，关于空调行业“天花板”的判断，就等待未来几年格力的财务报表来验证吧。

以上这四次经历让我感触颇多。每次我都做出了与市场有分歧的投资决策，从雪球社区中的反应来看，反对的声音一次比一次强烈，充斥着贴标签式的质疑，而很少有人能从事实和逻辑出发与我讨论。这证明了科学投资的珍贵，也恰恰说明真正伟大的投资是很难赢得群体赞同的。

投资者必须在有限的时间、信息下做出投资判断，没有人能帮助你，决策的依据只有科学的经济逻辑，冰冷的理性推断胜过千言万语，投资注定是孤独的。

---

① 我于 2020 年 3 月 1 日在雪球个人专栏发布《格力经销商收入下滑——论空调天花板及茅台酒的投资属性》一文。

希望这几则故事对有志投资的朋友有所帮助。伟大的投资之路，是“虽千万人，吾往矣”。

给投资者的建议

人生其实没有几个十年，投资格力的十年给我带来的不只是投资收益，更让我对市场有了深刻的认知和深深的敬畏。如果你是投资新手，那么我认为你最好的做法就是买入沪深300或上证50ETF基金。如果你要自己选择投资标的，我建议以“常识+低市盈率+优等生”投资组合的方式进行投资。这是为什么呢？第一，我认为投资者必须训练自己的常识，不要单纯地相信资本市场美丽的故事，而要选择自己可以理解的生意；第二，低市盈率代表市场对其增长预期较低，这意味着容错率会相对高一些，适合普通投资者；第三，个人对投资标的研究的胜率有限，将“优等生”加入投资组合能够提高容错率。

不仅新手如此，其实资本市场很多老手、大师，都是如此操作的，高低之分在于他们各自掌握的知识不同，对组合标的的选择不同。

对于投资，你没有太多试错的机会。

28岁的我，从9万元到300万元用了8年

| 小七滚雪球 |

编者语：这个故事的主人公是@小七滚雪球，一名“90后”，他从小受家乡上海浓烈金融氛围的熏陶和家人的影响，爱上了投资。大三那年，他拿着父母给的9万元本金开启了投资生涯，8年下来累计盈利超过300万元。

他是一位财务工作者，工作之余做研究、搞投资；他是一名价值投资的信奉者，把投资看作相伴一生的事业；他也跟普通的“90后”一样，喜欢电影和二次元，热爱生活。

投资缘起

故事还得从20年前说起，记得那时候我们家附近有一家银河证券，当时读小学的我每年放暑假最开心的事就是带一点零食和奶奶跑到营业厅，一边吹空调，一边看着面前巨大的电子屏不停地滚动着股票名字和涨跌幅。当年刚学会加减乘除的我就已经对奶奶买了哪些股票、各买了多少股了然于胸。我会看着屏幕上股票的报价实时计算出奶奶今天大概赚了多少钱。如果奶奶赚得还挺多，那么回家路上我就又可以让她给我买点小零食和玩具了。

我的父亲也是位老股民，他从1995年就开始炒股，虽然炒到现在也没赚到什么钱，但他让我在很小的时候就接触股市，让我对股票产生了兴趣。没有他的引导，我现在可能根本不会走上股票投资这条路。

大三拿着父母给的9万元本金，开启炒股之旅

受家庭的熏陶，高考填报志愿时，我选择了与股票投资相关的专业，最终考入华东师范大学商学院，就读经济学专业。在2013年读大三时，我拿着父母给的9万元本金，开启了自己的炒股生涯。

初入股市，那叫一个兴奋！我根本没心思上课，整天盯着手机里的走势图，上课的时候甚至带个笔记本电脑在教室里操盘。查阅2013年的交割单，一个市值10万元不到的账户，一个月成交金额53万元，月换手率530%，平均每只股票持仓不超过4天，一个月给券商贡献555元佣金，都快赶上我当时一个月的饭钱了。

早期我的风格以趋势投资为主。“余额宝”在2013年6月横空出世，我当时一看到新闻，马上就跟进“余额宝概念股”，持有了几天没什么起色马上就抛了。那几年我还特别沉迷于研究影视传媒股，因为电影票房这东西对散户来说比较容易跟踪。那段时间我每天都会去艺恩资讯网查看当日的票房，如果看到自己投资的电影公司即将有爆款上映了，就会提前埋伏。当时靠光线传媒、华谊兄弟这几只股票，来来回回折腾，还是赚到了点钱。

虽然当年靠这种投资方式略有盈利，但当时我已然觉得这并不是长久之计。一方面是太累了，整天都要盯盘，还要不停地刷新闻追逐热点，大学还能这么玩，以后上班了肯定就没时间了；另一方面是沾了2013年创业

板，尤其是传媒影视股牛市的光，华谊兄弟和光线传媒 2013 年分别暴涨 312% 和 142%，但未来可能就没那么好的运气了。

这种投资状态持续了半年多，直到一个慵懒的午后，我在图书馆无意间借了一本《巴菲特传》，看完之后，我仿佛打开了一扇通往新世界的大门，我第一次知道原来这世界上还有一种投资方法，叫作价值投资。因为当时的我正处在投资方式选择的迷茫期，巴老的投资思想恰巧在此时深深地震撼了我。之后的一段时间，我便开始疯狂地阅读各类价值投资书籍，并且边学习边实践。我逐渐意识到，这就是我追求的正确的投资道路，可以带我通向大海和星辰。当然，学习价值投资的过程也不是一帆风顺的，2014 年我还经常在趋势和价值间摇摆，直到 2015 年，我完整经历了一轮大牛市和之后的两次大幅下跌后，才真正走上了价值投资的道路。

而说到我在股市获得的第一桶金，我记得那是 2014 年 11 月 21 日，央行意外宣布非对称降息，货币政策大幅放松，股市迎来重大利好，恰逢沪港通也于 11 月正式开闸，在多重利好的带动下，上证综指快速放量拉升，成交量每天迈上一个新台阶。我在 11 月重仓了最受益于牛市的券商股，当时重仓的华泰证券、中信证券都在接下来的一两个月完成了翻倍行情，算是赚到了股市第一桶金。

2020 年是我投资生涯的第八年，也是我践行价值投资的第六年。由于平时的工资主要用于生活开销，炒股至今我总共只向股票账户追加投入了 18 万元左右，算上一开始父母给的 9 万元本金，本金合计 27 万元。截至 2020 年 11 月底，我的股票账户净资产有 342 万元，盈利 315 万元，其中包括 A 股打新收益约 80 万元，年化收益率 36%。

我的第一大重仓股：中国平安

中国平安很长时间以来都是我的 A 股第一大重仓股，也是投资至今给我带来盈利最多的一只股票。中国平安的主要仓位是我在 2014—2015 年买入的。整个 2015 年上半年，我就是不停地把仓位从高估值的股票移到金融消费等当时估值相对较低的股票中，中国平安也就是在那个时候成了我的第一重仓股。2015 年 6 月，当时大盘已经涨到接近 5000 点，我明知大多数股票已经积累了大量的泡沫，但依然坚持满仓，因为我一直以来信奉的理财观就是无现金主义：我坚信股权才是最好的保值增值资产，除非这个市场上 3000 多只股票全部高估，我才会降低自己的仓位；只要这个市场上还存在估值合理的优质股，我就会保持满仓。

来看看 2015 年股市到达顶点时，我的几只重仓股的市值和估值水平：中国平安，市值 6600 亿元，PE 为 16.8；招商银行，市值 4500 亿元，PE 为 8.0；贵州茅台，市值 2860 亿元，PE 为 18.6。这样的估值水平，绝对称不上贵，这就是我当时敢于在 5000 多点依旧保持满仓的原因。

2015 年下半年简直就是教科书般的泡沫破裂，两次大幅下跌，让创业板在短短两个半月的时间，从最高点 4037 点跌去了约 56%，回到了 1779 点。个股就更加惨烈了，很多股票连续无量跌停，股价被腰斩者不计其数，而我因为当时的主力仓位全是金融、消费和医药股，所以回撤要小得多。

我会根据持仓股的财报表现和估值水平来测算出每只股票的买卖点。只有当持仓股的股价超过卖点时，我才会减仓。而当有新增资金时（比如新股收益），我会选择买入那些处在加仓点的股票。但是，如果某只股票的股价一直落在买点和卖点之间，则不做买卖操作。因为我的整体投资思路就是买入并持有，不做波段。

之后的五六年时间，我认为中国平安的股价一直处在合理估值区间，所以基本没有进行过交易。而在这段时间，按后复权价来算，中国平安的股价翻了3倍左右，在我所有的持仓股中排名较前，于是它的仓位占比就越来越大了。而2020年，我的投资组合中涨幅较大的贵州茅台、美的集团、五粮液的仓位占比一直在上升，于是，中国平安的仓位占比由高峰时的20%左右下降到现在的12%。

最成功的和最失败的投资：上海机场和中国华融

2014年我接触到了雪球，当时听说雪球是价值投资者的"集散地"，我就一边学习，一边把自己的学习感悟记录在雪球上。

我生活在上海，每次出境在浦东机场经过日上免税店的时候，都能看到店里面摩肩接踵，大排长龙。彼得·林奇曾说过，很多投资机会都来源于平时生活中的发现，于是我下载了上海机场近几年的财报，认真研究了起来，并且把我的研究结果记录在雪球上。

通过研究发现，自从2013年9月29日上海自贸区成立起，浦东机场的货邮吞吐量出现了明显的拐点，而受益于国人出境游和留学需求的迅速增长，旅客吞吐量在2014年实现了10%左右的同比增长。另外，上海迪士尼即将在2015年末建成，浦东机场相比虹桥机场有着无可比拟的距离优势，建成后相信又会进一步增加浦东机场的旅客吞吐量。所以，我当时判断浦东机场有自贸区、出境游、迪士尼三驾马车保驾护航，基本面无忧。而当时上海机场的市值不足300亿元，PE在12左右。看到好公司有了好价格，我就在2014年建仓了上海机场，一直持有至今。

上海机场虽然不是我盈利最多的一只股票，但绝对是我践行价值投资理念选出的第一只股票，对我来说意义非凡。

最失败的一笔投资应该是港股的中国华融。我在2017年7月买入，买入时看了它此前两年的财报。读财报时就觉得非常费劲，因为有太多专业术语，太多不透明的资产结构。但当时看着它仅5倍的PE，超过5%的股息率，还有两位数的增长，还是没忍住买入了5%左右的仓位。我当时认为银行业资产质量已经逐渐转好，中国华融在2016年银行业大幅变卖资产包的时候疯狂抄底，那么接下来的几年这些资产包应该能赚个好价钱。但万万没想到，先是董事长被抓，随后中报暴雷，最后连审计都不敢出具无保留意见。直到这时候我才明白，我对中国华融真的一无所知——不知道它为啥赚钱了，更不知道它为啥亏钱了。虽然这笔投资在2018年造成了我总资产2%的亏损，但我觉得在当时资金量还不大的情况下，能用2%的资产换取一个惨痛的教训还是非常值得的。它让我明白，如果不能对一个公司的商业模式有一个清楚的认知，对未来几年的利润有一个大致估计，那么即使股票价格再便宜，也不能投一分钱进去。

我的五步选股法

投资风格方面，我偏向巴菲特的价值投资理论，以合理或者低估的价格买入优秀的公司长期持有，但和巴老相比，我的持仓会更加分散，比如目前A股就持有了19只股票。主要是因为我自知能力有限，也经常会有看错的时候，所以会给自己定一个行业和个股的持仓比例上限：

即单一行业占整体股票仓位不超过30%，单一个股占整体股票仓位不超过20%。当一个组合足够分散时，我的持股心态便会很好。

另外，我主要通过研究各家公司的财报来对持仓股进行仓位的调整，每个季度的财报出来后，我便会根据各家公司的业绩表现设置各自的加仓点和减仓点，当组合中某只股票的股价超过减仓点时，我便会逐步减仓，同时去加仓那些股价处在加仓区间的股票。如果是在同一行业持有多只股票，我可能不会严格按照加减仓点操作，而是根据它们一段时间的业绩和股价表现，直接进行仓位的动态调整，比如2020年2月华夏幸福和招商蛇口换保利和万科，4月格力换美的，11月南京银行换招商银行、美的换格力，等等。

具体到如何筛选个股，我总结了一套选股方法——“五步选股法”，从4000多家A股上市公司中精挑细选出目前持有的这19家公司。

第一步：确定选股范围。

我认为A股具有长期投资价值的公司不足上市公司总数的5%，而这些股票基本集中在沪深300指数成分股中，所以我的选股范围就一下子缩小到了300家以内。

第二步：通过ROE进行筛选。

从沪深300指数成分股中找到那些ROE长期显著高出同行的公司，这里所说的显著高出，至少要比行业平均水平高出3%，而且需要持续多年。经过这一轮筛选，仅剩下100家左右的公司。

第三步：通过经营现金流进行筛选。

对于那些可以使用经营现金流来分析的公司来说，如果它的经营现金流常年大于净利润，那么这家公司大概率是一家比较优秀的公司。反过来说，如果经营现金流常年大幅低于净利润，就会被我从备选股中剔除。经过这轮筛选，还剩下70家左右的公司。

第四步：通过分红率进行筛选。

有些公司的 ROE 很高，历年的经营现金流也不错，但就是每年的分红都少得可怜，分红率普遍在 20% 以下，股息率在 1% 左右。这些公司往往每年有大量的投资现金流支出，对于这些公司的真实盈利能力，我都是存疑的，经过这轮筛选，应该还会剩下 50 家左右的公司。

第五步：通过估值进行筛选。

经过以上四步筛选出的这 50 家公司就满足了我对优质股的所有定义，但好公司还必须有好价格，这 50 家公司中就存在一批虽一眼就能看出非常优秀，但估值始终让我望而却步的公司，比如海天味业、爱尔眼科、恒瑞医药等，碰到这种股票，我的原则是宁可错过也不强行买入。

最终，就形成了我目前 A 股实盘的那 19 只持仓股。

投资与生活

作为一个年轻的父亲，平时除了投资和带娃以外，我的爱好和很多“90 后”没什么不同，无外乎电影、动漫、游戏、音乐。

投资与生活是密不可分的，一个人平时的爱好和价值观会对其投资理念产生极大的影响。我很爱苏东坡的诗词，他的《前赤壁赋》里有这样一句话：“寄蜉蝣于天地，渺沧海之一粟。哀吾生之须臾，羡长江之无穷。”

我时常会感慨个体生命的短暂，但人类作为一个整体又可以生生不息、代代相传，这种宇宙观和人生观让我深深着迷，让我在身处逆境时也能保持豁达、超脱的精神状态，并能从人生无常的怅惘中解脱，理性地对待生活。所以，也不难理解我会选择价值投资这条路。我热衷于投资那些可以为股东持续创造价值的公司，因为我从没把投资看作一场百米赛跑，而是当作一段相伴一生的漫漫长途。

如果要对初入股市的投资者说一句话，我想说，选择一种能够让你买入后夜夜安睡、心如止水的投资方式吧，不要让股票占据你太多的时间。

超级奶爸的股市之旅

| 大苹果的飞飞 |

编者语：他本科留学美国，在美国拥有十几年的工作经验，而在2017年回国后摇身一变开启了职业奶爸、兼职投资的别样生活；他持有CPA证书，并曾作为财务副总监管理纽约一家五百强企业的审计工作，而如今他的主要管理任务是家人的衣食起居，偶尔给家人烧些小菜，每年安排几次度假；他投资A股、美股多年，有专业的行业背景，却一直秉持"弱者"心态、"佛系"投资；他语言朴实却铿锵有力、幽默风趣；他以"小人物"自称却紧随新闻事件，心系家国天下，反观历史，洞察社会；他还是一位股市的"心灵按摩师"，总能用乐观积极的心态感染周围的人去理性地看待股市涨跌，他就是"球友"@大苹果的飞飞。

职业奶爸、兼职投资的快乐

我1998年去美国读书，大学时主修金融，辅修计算机专业，考取了CPA资格证，毕业后一直在美国工作了十多年，是一家公司的财务副总监。2017年从美国回国后，随着我家大宝、二宝的出生，再加上我爱人又非常喜欢她在上海的工作，我们留在国内的时间就比计划的长很多。

2015—2017 年，我投资做得很好，老婆也对我 100% 地信任，甚至比我更相信我，所以我也就得以享受全职带娃、兼职投资的这份快乐。

在家做投资的日子，大部分时间我会一边看着孩子们玩，一边刷雪球、微博、微信朋友圈，在社区“灌水”。我非常喜欢当奶爸的感觉。当物质财富积累到一定规模后，财富增长给人带来快乐的边际效益会递减，但是，和孩子们在一起是会越来越快乐的。

投资方面，开盘后我一般不会盯盘，因为基本面动态通过刷雪球就都知道了。如果没什么实质性变化，股价向下波动我一般选择无视，股价向上波动我则会多看几眼，因为看着舒服。虽然不盯盘，但我还是会用不少时间去思考投资，读财报，做一些有价值的分析。但投资是很复杂的一件事，我认为认知到了一定程度后，再想通过思考来突破认知边际的机会越来越少，相反，过度思考可能会让自己失去对正确方向的感知。明白自己有些事情无法明白，也无须明白，其实也是一种明白。

我的“佛系”投资之路：在投资逻辑上做到自洽后，慢慢变富有

在我的印象里，好像并没有让我难忘的成功或失败的投资经历。在我看来，短期的盈亏并不能说明什么，一个人的投资能力其实需要很长的时间才能验证。而当下所做的每一个投资决策，除了受情绪控制的影响外，总体上体现了投资者在相应时间段的认知能力和对投资的理解，以及在投资上的天赋。我对自己的认知是：具备不错的常识，多数情况下能理性思考，有持续的学习能力，但同时因为认知天赋有限，所以我无法百分百理

解一家公司或一个行业，因此，在投资逻辑上做到自洽就很满意了。

大部分时候我的投资状态属于持股不动、贤者模式，同时我也是一个无可救药的乐观主义多头。

首先，我在A股的配置侧重传统行业中低估值和高分红的公司；其次，偏重制造业，我在家电和汽配领域的仓位占比超过20%，这主要是美的集团和福耀玻璃有一段时间表现比较强劲所致；最后，我其他的配置有银行、保险、地产、公用事业。除非基本面出现巨大的变化，我的投资会长期保持这个配置格局。

美股方面，我的投资主要在科技互联网、文娱流媒体、生物制药行业和国债ETF。我接触美股很早。1999年，我在纽约认识了一个热心的上海大哥，帮我联系居所，他是股票经纪人，而我的房东是他的客户。当时正值互联网热潮，上海大哥建议房东和我买些科技公司的股票。我当时因有限的资金要负担生活费和学费，所以不敢投资，而富裕的房东则买入了不少。结果大家也知道，科技股泡沫破裂，房东损失了超过90%的本金，上海大哥也羞愧得人间蒸发，那是我看到的一次关于美股的投资教训。

接触雪球后，我阅读了大量信息，关注了社区内几位能力非常强的美股投资者，慢慢地也逐步形成并完善自己的投资逻辑。我认为ETF是长期而言确定性比较高的投资标的，除非出现系统性的问题。此外，生物医药科技、高科技公司也都是美股的优势赛道，是我A股赛道的补充，而且美股ETF管理费低廉，跟踪率高。

在看了很多分析文章后，2018年，我开始在美股建仓。从不知道如何去投，到有一个自己信服的投资逻辑，做到独立思考，不人云亦云。

之所以选择以分散配置、均衡的思路来做投资，主要是考虑自身性格的谨慎性和投资世界的复杂性。我的期望收益率水平为：长期战胜基准指数，A股对标沪深300，美股对标标普500。我的策略一直是立足于自己是弱者，用简单的、“佛系”的策略去赚让自己安心的、愉悦的钱，不去参与一些超越自身能力、让自己浮躁的游戏。因此，除了新股、新债或者策略性换仓之外，我会坚持持有核心仓位并适时加仓买入，不纠结一时的涨跌，侧重于逻辑自洽的确定性。

做投资界的“心灵按摩师”

我是一个集理性客观、现实主义、乐观主义、理想主义于一身的人，当然，这也可能和我当下相对平凡却又倍感满足的生活现状有关，这也许就是一个小人物的“小确幸”吧。

无论是在金融危机、中美贸易摩擦，还是2020年的全球公共健康危机中，我都希望自己是一个可以给大家带来积极信号的人，告诉他们，“没关系，别担心”！下面我就来具体谈谈，在投资中如何保持良好的心态。

第一点，要分清谨慎和悲观。

谨慎指的是在对现实的客观认知基础上，对可能出现的风险进行有意义的防范，比如开车系安全带、给孩子准备安全座椅，家庭开支不要入不敷出，不要透支身体健康等。同样地，做投资需要注意防范基本面的风险，不碰基本面问题严重、估值不合理的企业的股票。总之，任何你主观上可控的事情，你都应该谨慎。

而悲观是一种负面的人生态度，对自己无法控制的、复杂的问题的主观负面揣测，比方说担心房价过高、经济崩溃，担心所谓的外部形势导致经济崩盘、股市崩溃。

我的看法是我们需要谨慎，但是要杜绝悲观，不要把两者混淆。自寻苦恼的人通常是不谨慎但悲观的。

投资需要乐观，要相信世界会越来越好。当然你也可以悲观，但问题是情绪性的悲观不会帮助你解决任何问题，反而会让你进入投资的黑暗隧道走不出来。

可能你的悲观是理性的，但如果你没有能力改变什么，这样的“理性悲观”其实也是无意义的，还不如稍微盲目点的乐观。

第二点，要维持良性循环。

我认为投资中的良性循环可拆解为以下几步：

首先，以合理或者好的价格买到对的公司，保持有意义的仓位。

其次，随着公司成长，你的账户中开始有浮盈。当盈利到了不错的幅度，而公司的估值依然很低、基本面依然很好，此时你的持仓不但是资产，还是流动性很好的资产。

再次，以增量资金继续买入，持股数量增加，“持仓成本”增加，总浮盈继续增加。

最后，年复一年，你一直不卖，而是选择伴随公司成长。直到市场给了你一个实在无法拒绝的卖出估值，或者公司的成长进入一个拐点，你找到了更好的公司来替代，才选择清仓。

整体上，我的策略是以业绩成长、公司行业地位、分红、估值、公司管理层这五个最重要的参数为选股基准，平衡好这几者的关系，分散行业配置。

采用此策略从长期来看亏钱的概率很低，基本上依靠分红和打新的现金流就可以保持不败。因为适当分散，所以即使遇到一只“黑天鹅”，或者有几家公司因为周期的关系，股价表现一般，一样可以保持长期的胜率。只要有耐心坚持执行这个策略，要想亏钱真的很难，战胜基准指数也不是什么挑战。

第三点，要分清是错误还是经历。

很多人在股市热衷于总结“错误”，当然都是从后视镜的角度来做总结。其实你要搞清楚，这到底是错误，还是你在这个市场必须经历的？如果你把必须经历的波动当成错误去总结或者当成自己的能力去炫耀，那只能错上加错。

每一次危机都是很难预测的，每一次危机对应的市场状况都不同，对于不同公司的影响也不同，所以对于是否是危机，是多大、多长的危机，每一次的判断都是独立的，过往的情况只能作为决策的参考。常识可以帮助我们避免一些危机，但是从根本上防范危机的方式是用资产配置的思路，避免使用杠杆，控制个股仓位，保持个人财务健康。对于绝大多数个体而言，股市的投入应该只是自己资产配置的一部分，应根据个体心理承受力适当配置。权重过大、波动较大，超出个人心理承受能力，会影响投资心理。

第四点，别后悔，朝前看。

2017 年蓝筹股大涨，我因此有了卖股票置换房产的想法。考察完火热的房市，后来决定还是算了吧。紧接着，2018 年股票大跌，我的持仓回撤差不多 20% 。我调侃自己，早知道 2017 年就卖掉股票换房子了！当然，世上没有后悔药。既然跌了，就再买点，于是我又加大了仓位。

结果 2019 年从年初的峰回路转，到年中的风风雨雨、跌宕起伏，以及年底的否极泰来，之前的回撤不但全回来了，我还赚不少，算下来 2018—2019 年赚得比 2017 年还多，反而房价相比 2017 年还稍微跌了点。

2020 年出现了一只系统性的“黑天鹅”，从新冠肺炎疫情到中美关系，又是一个跌宕起伏的年份。不过我依然觉得要往前看，结果现在看也是否极泰来。

从中短期看，生活中充满了不确定性，包括负面的不确定性，如果总是让自己的情绪沉迷于这种不确定性，那是愚蠢且可悲的，因为这不是你可控的；从长期看，死亡是唯一的确定性，所以把活着的这个过程过好显得尤为重要。我的人生观是：聚焦现实，过好当下的每一天，享受生活，控制好自己能够控制的风险。

第五点，至暗时刻又来了，但我们的生活还是要继续。

就新冠肺炎疫情来看，欧美的至暗时刻还在路上。就股市而言，这次“隧道中的黑暗”可能会持续更久，疫情对经济的短期冲击会大于 2008 年金融危机，从中长期来看应该差不多，可能稍弱点。但是无论现实多么严峻，我们还要继续好好生活。

股市的下跌，对很多人来说是煎熬，但只要无负债、不短钱长投、现金流不断，从长期看下跌其实是增加财富的机会。

一个“小人物”的家国情怀

1995 年我到日本，看到书店中关于中国的书籍，除去历史人文外，其他的观点基本都是负面的，因为当时的客观现实是中国相对落后。当时的中日差距是极大的，大到我认为似乎没有任何赶上的希望。我当时的看法是，除非未来几十年中国突飞猛进，日本停滞不前，那可能还有“望其项背”的希望。

后来 1998 年我到了美国，认识了不少在美国读计算机专业的朋友。当时美国的互联网革命如火如荼，计算机专业的本科毕业生起薪年薪 5 万美元，因此务实的中国留学生们纷纷选择了计算机专业。相比之下，当时我在上海的老同学们，普遍月薪在1000元左右甚至更少。当时中国经济刚刚起飞，GDP增长高达10%，而美国的新闻报道称中国增长10%，其实只相当于美国的1%或2%，当时美国的经济增长一度达到了4%。

求学、求职期间我一直没回国，第一次回国已经是2010年。那次回国，我的整体感受是虽然人们收入提高了很多，但总体来看收入在全球依然处于比较低的水平，处于一种“低水平繁荣”的阶段，属于层次较高的发展中国家。

后来我又回国几次，其中一个转折点让我印象深刻，那是我第一次摸到华为手机，就是几乎和iPhone同步拥有指纹解锁的那款。我感觉这不只是一款手机，还体现了整个国家的发展水平到了一个从量变向质变飞跃的阶段了。果然，接下来几年的很多变化让人感觉这是一个国家进入第二阶段腾飞的标志，由之前的量大质低到量质齐升。可以说，1990年到2020年，在中国发生的是可以改变人类历史和未来的巨变。

2020年正逢A股三十年，回到1990年，不会有人想到刚刚开张的、仅仅有8家上市公司的股市会在三十年后迎来众多名扬海内外的中国企业。这期间的跨越是人类历史上从来没有发生过的。我几十年前看书，读到了日本经济的奇迹、韩国的汉江奇迹，以及其他“四小龙”的经济奇迹，但是就客观数据而言，这些奇迹和中国过去几十年的工业化相比简直是小巫见大巫了。而这次疫情也告诉我们一个客观现实，中国政府应对危机的执政能力、整个社会的组织能力、人民的自觉性、应用科技的实力都是全球重要国家中最强大的！

在这样的宏观大背景下，作为一个投资者，我的策略其实很简单，那就是在逻辑自洽的前提下，给企业定性，根据估值买入我认为优秀的核心资产，慢慢变富有！

一个沉默的外向人

| 肖志刚 |

编者语：他是雪球人气用户，也是一位基金经理，同时他还是一个爸爸，一个会设计飞机模型的学生，一个想开书店的男人，他叫@肖志刚。这篇文章讲述了他的生活、投资、选择，以及关于过去的一些思考和感悟。这篇文章，也许语言不够华丽，却恬淡宜人；也许情节不够曲折，却满载星辉；也许感悟不够浓烈，却回味无穷。莎士比亚说过：“玫瑰是美的，但更美的是它包含的香味。”希望读者们能闻到这篇文章中隐藏的“香味”。

一点回忆

我与股票的缘分最早可以追溯到高中，那时我看过一个关于炒股的电视剧，感觉很有意思，就在地摊上买了本关于股票的书看了看。上大学时，恰逢亚洲金融危机，从那以后我就开始认真琢磨股票了。22 年前的 1999 年 7 月 26 日，我骑着车到北京师范大学门口办理了股票账户，正式开启了我的炒股生涯。最终我成了一名公募基金经理，一位帮上百万人打理过钱财的基金经理。我经常被问到一个问题：“基金经理的一天是怎么过的?”一名基金经理，每天醒来面对如潮水般涌来的家国大事等各种信息，需要做的是迅速决策，决定买或是卖，买这个或是卖那个。

其实，这与很多职业都是相通的，相通之处在于，我们都在做决策。网络大V需要决策的是帖子转或是不转，转这个或是转那个；领导们需要决策的是项目批或是不批，批这个或是批那个。曾有一位县委书记开玩笑和我说，“在中国没当过县委书记不算当过官”，我说基金经理之于金融也是同理，他立刻领会了。总之在我眼中，基金经理是一个最接近完美的职业，尤其是在天弘基金做基金经理的六年，是我感受最自由、成长最快的六年，是我人生中最宝贵的经历。

投资中，大多数时刻是孤独的，因为投资是由无数个小决策加总组成的，这些思考的过程可能在我的脑海里翻滚过无数遍，但没有机会表达，无论对错都要自己消化。但如果要说最孤独的时刻，可能就是我第一次拿到基金账户密码，登录进去看到金额的那一刻吧。我清楚地看见有太多太多事情等着我去做。还记得，那天晚上我在办公室电脑上摸索到半夜。

现在的我是九雾组合的主理人，从基金经理到组合主理人，最大的感受就是精力耗费不是一个级别的，作为组合主理人我往往能够事半功倍。管理基金需要自己具备投资能力，而管理组合其实是在寻找投资能力。当基金经理时，我嫌自己的时间、精力、水平都不够，而现在管理组合，更依赖所投基金背后的经理与团队，自己需要操心的事情大大减少了。

投资A股的这十几年，损失惨重的经历及感悟

最惨痛的经历，应该就是2016年6月中旬卖掉茅台吧。2016年5月我还在视频中解释为什么茅台厉害，但是那个时候我对汽车股的机会更为确定。在我管理基金的六年时间，那是我唯一一次大规模买入汽车股。为

了腾挪仓位买汽车股，我把包括茅台在内的白酒股基本都卖掉了，后来再没有买回来。回顾这次失败的经历，归根结底还是源于研究的不足和交易体系中存在的缺陷。

股市中唯一不变的就是变，这个“变”体现的是主要矛盾不断变化。因此，对待股市需要的正确态度是实事求是。

股市对投资者的精力投入要求很高。对大多数投资者来说，精力的投入与投资成绩有一定的正向关系。投资者可以根据自己精力的投入情况来做投资决策，如果没办法确保足够的精力投入，还可以考虑委托给基金。如果你有足够的业余时间投入股市，那么股市还是一个很好的学习与实践场所，能让你“活到老学到老”。

我眼中股市的三种盈利模式

投资者如何看待市场，决定了其会采取什么手段从市场中赚钱。这里借用日本战国时代三位著名的历史人物对同一个问题的不同回答来解释。

面对同一个问题：“杜鹃不鸣，当如何?”这三位的答案截然不同，三种答案代表了股市的三种盈利模式，也是A股发展历程的缩影。

第一位历史人物，织田信长回答：“令其鸣!”

这是股市中典型的操纵股价。现在还留在K线图上的“活历史”是金宇车城。2002年市场进入熊市，金宇车城的操纵者开始不断吸纳股票，几乎买光了流通筹码，最终导致2005年频繁出现全天成交1手的情形。最极端的是2003年9月29日，出现了全天零成交量，K线图少一天，据说是那一天操纵者忘了。

第二位历史人物，丰臣秀吉回答：“诱其鸣!”

这就是股市中的“忽悠”模式。通过公告、研究报告、股评、K线图，引导市场价格，让价格形成趋势吸引买入。有些上市公司也会通过这种形式获利，不亲自下场，通过发布利好消息来引诱别人买入。

第三位，德川家康回答：“待其鸣！”

这种模式即以独立的角度，冷静观察这个市场的变化，如果发现可能做多或做空的机会，就找点钱来套利，这是长久的二级市场投资模式。套利的过程是投资，找钱的过程是金融。

三种境界，三种命运，恰恰说明了历史选择的正确性。

如果问现在的我跟二十多年前刚入市的时候比有什么变化，那可能是现在我对股市的认识更理性、更实际了，也更平常心了，不再经常感到好奇与新鲜。

未来看好的投资机会

长期来说，好公司中出现的投资机会应该越来越多。符合天时、地利、人和的公司都会有不错的投资机会。“天时”即好的行业，比如真正具备研发能力的科技公司；“地利”常见于那些在竞争格局中占据了易守难攻位置的龙头企业，比如很多消费类公司；如果再加上好的机制、好的管理层，也就是所谓的“人和”，那么这样的公司的投资机会都不错。总之，“天时”“地利”“人和”三者相互独立，最好的投资机会则同时占据了这三者。

我认为恋爱和炒股有很多共同点。投资是面向未来的，我们需要解释过去，才能预测未来，预测错了还需要及时应对。因此投资需要三套系统，分别是解释系统、预测系统、交易系统。找对象也类似，我们需要解释不同人的过去，也需要预测不同人的未来，如果预测错了，还需要思考如何应对。简单类比的话，基本面研究就类似于研究外在美，估值则是研究内在美，而交易就是该怎么进行追求。每一个环节都是在挑战投资者的认知和人性。

关于“选择”这件事

不少人咨询过我关于职业选择的问题。从股票投资的角度讲，有一些相对不错的职业，包括基金经理、医生、老师、律师、演艺人员等。这些职业的共同点是，顾客在进行消费决策时，对自己所能得到的结果是不确定的。消费者在进行一般消费决策时的依据是性价比，但在进行这类特殊消费时，对所能得到的产品或服务的性能的认知是不确定的。比如买了基金，却不知道会赚会亏；看了医生，却不知道能否治好病；请了老师，却对自己能考多少分没把握；聘了律师，却对最终能否打赢官司没有信心。也就是说在钱花出去的那一刻，消费者是不知道自己能买到什么样的东西的。

在这种不确定性面前，消费者能做的就是出尽量高的价格以提高确定性，比如请名医、名师、知名律师、金牛基金经理等，这样能从概率上增加自己的收获。虽然价格高一点，但性能也会更高，性价比也就不低了。

涉及这些职业的行业，作为劳方的从业人员，在面对资方时的谈判议价能力就变得越来越高，消费者为了提高确定性而额外付出的溢价，大部分被劳方拿走了，资方更多的就是赚个吆喝。结果就是，律师所干脆资方退出，全部由劳方以合伙人形式合作。医生和教师在中国无法市场化，民办医院也普遍不容易赚钱，但综合来讲医生与教师是非常有地位的职业。

国内公募基金有上百家，但多数成立较晚的基金公司，作为出资方的股东则多数没赚什么钱。如果扣除“老十家”、银行系、天弘，其他基金公司的合计盈利估计可忽略不计。

总结一下，如果要当老板，最好回避这几个行业，因为你“剥削”不了员工；如果要打工，建议选这几个职业，因为老板“剥削”不了你。学生毕业找工作跟大家找股票一样，关心风口，但这其实大多数时候是错的。这就像很多人关心的顺丰、春秋、雨虹等“上进生”，风口不怎么突出，可也没吃亏。

投资成功的策略可以复制吗

| linjia510 |

编者语：炒股难，难于上青天。不少人都有这种感慨："我读了这么多投资名著，看了这么多投资'大神'的成功史，试过技术分析，为价值投资着过迷，投资为什么就这么难，做了很久还是亏得一塌糊涂？"你有过这种经历或者感慨吗？究竟有没有一种可以复制的投资策略，能让投资变得简单点呢？@linjia510 投身股市的这些年，从感慨"做投资不适合我"，到"轻松做投资"，他经历了什么？也许他的经历可以为你解答，投资成功的策略到底可不可以复制。

做投资前的人生积累

20 世纪 70 年代出生的我，小时候没有太多娱乐项目，但我养成了爱看书的习惯。通过阅读我知道，很多企业家赚钱分三个阶段，比如香港富商李嘉诚，第一阶段是与普通人一样打工赚钱，第二阶段是靠自己的能力开工厂赚钱，第三阶段则是投资赚钱。我从小就这样规划自己的人生：希望 20 ~ 30 岁靠工作赚钱，30 ~ 45 岁靠创业赚钱，50 岁以后靠投资赚钱。让我非常自豪的是，目前第二、三阶段同步进行中，提前步入靠投资赚钱的阶段。

我的第一份工作是建筑公司的技术员，一开始是在广州和深圳工作。在做好本职工作之余，我通过多年不断学习，提高自己的综合素质，在工作中表现突出，被公司选派到郑州成立办事处，转型做管理工作。在郑州工作期间，我被朋友推荐，以顾问身份协助一位“海归”同学处理他家族与别人合作的房地产业务。在合作中，我和他互相欣赏，2010 年他创业的时候，邀请我以合伙人身份加入他创办的房地产开发公司和创投公司，正式步入创业阶段，目前还在奋斗中。

建筑公司的这份工作让我受益匪浅。因为建筑公司业务分布各行各业，我在工作中认识了很多不同阶层的人，比如政府官员、企业精英以及普通的社会劳动者。这一段工作经历，一是让我开阔眼界，提升了对社会的认知能力；二是为我积累了非常多的人脉资源，这对我的后续发展起到了重要作用。

自己炒股这条路不适合我

由于需要积累创业资金，年轻时我没有买房，手中的资金需要寻找投资渠道。在一位证券行业前辈的指导下，2002 年 6 月国有股减持宣告停止后，我进入了股市。那时我对股市一知半解，只投入了少量资金，基本上依照朋友的指导买入，赚得差不多就卖。因朋友可靠，我盈利的概率非常高，感觉股市赚钱很容易。

但是朋友也不可能天天提供指导，于是我萌发了靠别人不如靠自己的想法，开始自己学习炒股，每天登录各种投资网站看财经新闻、分析大盘、跟踪持股信息。

我独立操盘过程中的“经典”操作是买入了深圳房企金地集团，买入理由是：市盈率低，开发的小区品质高、商品房销售快、价格一直涨（实地考察过），看财务数据利润比较高，正在由深圳往全国扩张，所以我认为这家企业前途一片光明（看来那个时候的我分析水平也不低，还会实地考察）。有目标后，我就等待合适价格买入。在金地集团从25元下跌20%至20元时，我认为是“地板价”了，可大胆买入；几个月后，它又跌了20%到16元，我觉得已经到“地狱价”了，为了摊低成本我把手头剩余资金全部加仓。买入后，这只股最低时跌到7～8元。我这时候才知道“地狱”是有十八层的，不过没有钱加仓就只有卧倒装死，没有勇气再打开账户查看。最终，我没有割肉，坚持到了解套，主要是因为自己在建筑业，对房地产比较了解，知道金地公司实际价值（储备土地价值）大于当时的市值。

还有因第一只外资控股银行重组概念买入的深发展、以不管牛市还是熊市都旱涝保收的理由买入的东北证券，在漫长的熊市中无一例外地浮亏套住。独立投资这几年我最大浮亏超过50%，资产减少超过100万元。那是我最黑暗、“压力山大”的日子，辛辛苦苦积累的创业资金，连房子都不舍得买，就这样败光一半。回家还被家人天天唠叨，说什么“炒股风险大，不让你弄，你偏要弄”“让买房也不愿意买，现在亏一百多万，不知多少年才可以回本”，争吵成为家常便饭。总之，既不赚钱还影响家庭和睦，那时的我天天活在后悔之中。

我总结这一段经历就是知易行难，别人炒股会犯的错误我也会犯，甚至还会犯更大的错误，如过于集中投资、下跌途中不停补仓等。在2006年后半年牛市初期大盘上涨回本后，心有余悸的我，害怕再被套住影响创业计划，于是在家人的劝告下，果断清仓退出股市，同时精准地避开了中国

2006—2008 年的一轮上涨到 6000 点的大牛市。我还见证了金地集团在我清仓后从 22 元涨到 167 元，在 2008 年大跌时又回到 20 元。

也幸亏我够自律，可以及时认错不再进“赌场”。2006—2008 年的股市大涨大跌过程中，我见识了身边很多朋友在大盘 3000～4000 点时追涨，开始了大喜大悲的人生。一个朋友买中信证券亏了七百多万元，后来亏损多年不解套，这些身边的悲喜剧加上我亲身体会到的痛，让我彻底放弃了独立炒股的想法。

我在股市白忙活了几年，煎熬了几年，什么收益也没有。唯一收获就是知道炒股风险极大、赚钱困难，凭运气赚的钱，最后都会凭实力赔回去，做投资不适合我。在初期炒股到退出股市的过程中，我深刻领悟到段永平“发现错了马上改，不管多大的代价，都是最小的代价”这句名言的价值。

投资过程中令人难忘的事

生活中接触的两个案例，改变了我对一些事情的认知，并持续影响我后期的投资操作。

第一个案例：不要贪图暴利，风控非常重要。郑州的一位朋友，夫妻俩停薪留职到深圳中兴通讯上班，回家乡时带回约 40 万元资产。他们贪图高息，把钱借给同学去做民间借贷。之后贷款方生意失败跑路，我陪朋友找他同学催账，见证了他们血本无归、同学之间反目成仇的故事，也见证了夫妻因这事互相埋怨、闹得家里鸡犬不宁的故事。这个案例大大增强了我的风险意识，让我在后来的投资中规避了民间借贷以及互联网 P2P 投资。

第二个案例：投资中我认识了平民出身、靠 3 万元本金在股市创造 200 亿元利润的徐翔，也见识了他通过不法手段获取暴利却最终身陷囹圄的下场。这个鲜明的事例让我对投资的合法性时刻保持着警醒。

入市这些年的一点感悟

初入市的那几年，我更多的感受是，折腾了几年，精神损害大于资金收益。后来的投资经历让我深刻明白一个道理，就是要让专业的人做专业的事。股市其实是很复杂的地方，当你还不具备在股市中长期生存的能力时，更要明白怎么做才是对自己最好的。以下是我的一些思考：

第一，永远不要高估自己的投资水平，要相信股市“七亏二平一赚”的规律，赚大钱的人绝对是凤毛麟角。不要轻易将大量资金投入股市买股票，以免被套住，错失别的投资机会。如果想知道自己的投资水平，可以股票、基金、私募同步投资或观察，一年半载就会有答案的。

第二，要有长期投资理念，学习复利增长知识，不要有一夜暴富的思想。如果一开始投资 15 万元，平均每年增长（收益）20%，那么三十年后将变成 3561 万元；如果中途有更多的资金加入，那么二十年内实现财务自由不是梦想。

我能赚到钱的原因

总结我在股市赚到钱的原因，可能有两点：一是对自己的人生要有长期的规划，提前为未来储备足够的知识，积累足够多的人脉资源。比如早期我能把握住投资泽熙私募基金的机会，并因此而赚取了股市的第一桶金。二是从小阅读开阔了我的视野，让我对经济、社会的发展规律有一定的认知。我认为投资回报率高的国民刚需或政策支持的行业是一个好的选择，如消费升级、医药医疗、科技、新能源汽车等，可以进行行业分散投资、长期投资，这样可以降低风险，享受超额收益。

现金或存款跑不赢通货膨胀，所以我有钱就立刻投资，是一个没有银行存款的人。我一贯坚持分散投资理念，少部分资金买入经营性房产，这是无风险投资，以保值收租金为主；大部分资金投资于风险较高的私募、公募基金获取高收益。我测算过，这十年，房价上涨加租金年回报率约10%，而基金投资年回报率约25%，从回报率考虑，我在未来一二十年肯定还是以投资基金（含公募、私募）为主的。

现在的我跟初入市时相比的一些认知转变

入市初期，我认为股市是零和游戏，只有高抛低吸才可以赚钱。十来年投资基金的过程中，经常听基金经理路演，让我深刻地领悟了“在能力圈内赚钱，靠长期投资赚钱”的理念；知道了配置不同行业、分散投资可以规避风险；知道了哪些行业可以长期增长，如何把握产业趋势的投资机会，什么样的优秀企业可以穿越牛熊周期等知识。所以我在配置基金仓位及选择基金经理时，都会应用这些知识。我的原则是，在消费、医药、科技、新能源汽车等高增长的行业分散投资，每个行业配置两三个基金经理。这样就算个别基金经理判断失误，也不至于影响整体收益。

关于预期收益方面，我曾系统地分析过投资大师巴菲特、索罗斯等几十年的投资生涯，他们的平均年化回报率约20%。他们之所以能成为超级富豪，关键点是长期投资、复利增长。我是一个保守的投资者，比较厌恶风险，没有胆量投资期货、权证类高风险项目，只希望复制大师们的“长期投资、复利增长”的模式。

我选择投资股票类的优秀基金经理，尽管他们的水平可能不如巴菲特，但中国经济增速高于美国，机会也多于美国，叠加我选择投资的是高增长行业，因此近十年我期望的年化收益率是20%左右；而十年以后，中国经济增速也许会趋缓，我期望的年化回报率可能会下降到15%左右。

投资过程中比较开心的事情是能把自己的成功经验分享给身边的朋友。正确的投资方法不仅可以成就自己，还可以成就别人，这是我愿意在雪球分享经验的原因。

人生或许有非走不可的弯路，但投资没有

| villike |

编者语：提到咨询公司，可能好多人脑海中会浮现“百万年薪”“精英云集”等词汇。一间会议室，一个幻灯片，一块白板，不论有多少人、台下坐着多大的领导，他们永远是主角。@ villike 就是这样一位知名国际咨询公司的总监。

他是怎样走上投资之路的？从 2013 年的“不知股票为何物”，到如今年化收益率 34%，七年时间，零基础的他是如何实现蜕变的？为何他初入股市就敢在泸州老窖等白酒股上投入全部资产？

同事的一句话改变了我的一生

我最近刚看完《黑天鹅》这本书，对书中的一个观点印象深刻：对我们的生活影响最重大的事情，大多数是计划以外的。这个观点我非常认同，我与投资结缘就是一件很戏剧化的事情。

我出生于中原一个很普通的小县城，父母都是工薪阶层，本科和研究生读的都不是金融经济相关专业。在我研究生毕业之前，我甚至都不知道股票是什么东西。

2012年，我在一家管理咨询公司实习。我的本科和研究生的就学经历跟经管完全没关系，导致我的基础商科知识十分匮乏，比如“股份制公司”这样一个概念，我花了很长时间才了解清楚是怎么回事，那时候经常被带我的顾问骂得很惨。

实习生的主要工作之一就是做行业研究，那时候我经常在网上到处搜索“某某行业研究报告”，然后从中间找到一些东西就复制粘贴到一起，根本没什么逻辑，更谈不上有什么“洞见”，因此经常被别人“一问三不知”。

有一次，一个顾问安排我去分析一家水泥公司，我在“新浪股票”等网站上搜了一堆材料，复制了几年的财务数据，就凑成一篇报告发给了顾问，顾问没看就转给了合伙人。后来合伙人提问：“这家公司这几年净利润下滑这么严重，是什么原因?”顾问叫我回答一下，我站起来吞吞吐吐了半天，说了一句：“应该是经营得不好吧……”合伙人脸都黑了，我背上全都是汗。真不是我偷懒不干活，而是我压根儿就弄不清楚这些数据。当时我连毛利率、净利率都分不清，虽然在网上查过，但看了半天也没太看懂。

最后在实习结束进行转正答辩的时候，还有好几位顾问因为质疑我的基础“商业素养”（business sense)，反对给我提供工作机会。最终还是老板拍板，给了我转正的邀请，我才有幸加入了管理咨询这个行业。

我老板当时的理由是：“这孩子身上有一股钻研的精神，这在我们这个行业是很重要的素质。”

事实证明老板就是老板，他对我的判断是一针见血的，钻研精神确实是我最不同于其他人的地方。如果我觉得某个东西重要，或者我对它有兴趣，我就会废寝忘食地钻研，尤其是在受到了刺激的情况下。而当时反对我转正的一个顾问的一句话，深深地刺激了我，他和我都没有意识到，就是这句话，改变了我的命运。

他说：“他来了这么久，连 ROE 是什么意思都不知道！”

这句话深深地刺激了我，从拿到录用通知到正式入职，中间有大概半年的时间让我回校处理毕业的事情，在那半年里，我疯狂地提升自己的商业素养，这期间有两件事情让我印象特别深刻。

第一件事情，为了全面提升我的商业知识水平，最好的办法就是去读 MBA，但这在当时并不现实。于是我在网上一点点搜索 MBA 都要读哪些课程，一门课一门课地买最经典的教材和书籍，确保每一门课都买了 1 ~ 2 本经典书籍，然后就开始没日没夜地、有时候甚至是填鸭式地学习。

第二件事情，我为了跟上最新的商业事件，在征询同事的意见之后，从网上挑了 2 ~ 3 种商业杂志，把过去 1 ~ 2 年的过刊买回来，然后开始一篇一篇地“扫”，遇到自己不知道的词汇就记在本子上，然后每天集中在网上查这些词是什么意思。

最后的结果就是正式工作以后，大家对我的变化大跌眼镜，几乎所有人都说：“你简直像变了一个人，你是怎么做到的？”

投资之路的“点睛之笔”是巴菲特致股东的信

顾问的分析工作很多时候是要看年报的，一份动辄 100 多页的年报，那时候经常连该看什么都不知道。因为之前我在财务领域被批评了太多次，所以入职前的那半年，我也看了很多关于年报阅读的书。

这些与财务管理和年报阅读相关的书中多少会提到市盈率之类的概念，也有一些书，会讲一些关于投资的粗浅内容。不记得是哪一天，我脑海中突然有了一个想法：为什么我不研究一下股票呢？

在阅读了几本“如何阅读年报”和“财务分析”方面的书后，我开始搜索什么样的书更直接地讲股票，《聪明的投资者》和《证券分析》就这样进入了我的视野。记得第一次读《聪明的投资者》时那种震撼的感觉，似乎让我突然间找到了方向。

有了这本书作为开头，接下来就是如饥似渴地阅读。《证券分析》《股市真规则》《巴菲特的护城河》《投资最重要的事》，这几本是早期对我影响最大的书，但是如果说这些都只是素材，还需要有个“点睛之笔”的话，巴菲特致股东的信就成了那个点睛之笔（punchline）。

我说的不是那本书，而是巴菲特自 20 世纪 50 年代开始，每年写给股东的那封信，原汁原味，不加任何外部解读，我被这些信完全地迷住了，惊叹于这位老人能以如此幽默、如此生活化的语句，把投资的精髓讲得如此深刻！

这大几十封信全部被我打印出来，厚厚地装订了 5 大本！自那时候到现在，这些信已经被我看了至少 5 遍，每次看都依然能带给我新的收获，我对这位老人的感激，可能会伴随我的一生。

随着我的投资理念逐步成形，我也开始试着分析公司，那时候的想法是自上而下的：首先，找到长远来看产品有持续需求且不会被颠覆的行业；其次，将行业里的上市公司从成长性、收益性等几个维度，利用十几个指标进行十年数据的对比分析，并找出数据最好的几个；再次，运用“护城河”理论分析公司的竞争优势是什么，进而判断公司未来的竞争优势能否持续；最后则是在估值比较低的时候买入。

虽然这一套理论有不完善和幼稚的地方，但是它的哲学本质是没有问题的，那就是规避不确定性，试图找到某些确定性，同时保持谦卑、敬畏的心态。事实上，过了这些年，尽管我的投资理念在此基础上已经有了大量的更迭，但是其背后的核心理念始终没有变化。这要感谢前面提到的几本书，帮我奠定了一个良好的投资理念基础，让我不至于一开始就迷失在股市中。

重仓白酒股赚到了第一桶金

2013 年 7 月，我正式开始工作。也就在那个月，我开始了人生中的第一次投资，300 股泸州老窖，总价应该是 6000 多元人民币。

后来在一年多的时间，我陆陆续续各买了几十万元的泸州老窖和贵州茅台。当时做出这个选择，就是因为感觉白酒行业相关知识比较易懂，而且很赚钱，另外估值确实被压得很低。

那时候真的是如饥似渴，我记得特别清楚，2014 年我还曾经向朋友借过两次钱，就为了买一手贵州茅台。当时我问四五个人借钱，有三个人听说我要借钱买股票，就以各种借口拒绝了。

当时我超过 95% 的资产都在股票里，我觉得既然有好的投资机会，亏损的可能性几乎没有，而赚钱的上限却不低，那为什么不把钱投进去呢?当时也没有想过拿股市里的钱去买房，我买房子就只有一种情况，那就是我需要这个房子而且买得起才会买。对于房子，即使买得晚了一些我也不后悔，说实话，不算杠杆，深圳房价的涨幅，截至 2020 年 10 月，最多也就 3 倍，而贵州茅台都快 20 倍了。

不过那时候，由于限制三公消费，白酒行业是众矢之的，市场上“腐败”的喊声一片，所有的白酒公司都受到批评。我买入以后，贵州茅台和泸州老窖的价格一直很低迷，尤其是泸州老窖，不停地往下面探，我印象中最低应该到了 15 元多。

我当时也没怎么怀疑自己，因为《聪明的投资者》中的很多观点给了我很强烈的支撑。我唯一没想到的是，几年来股价能涨这么多。我当时判断，泸州老窖能赚 50%，我就能赚几万元，那就已经是我大半年的工资了。

为什么是泸州老窖，而不是五粮液、洋河股份，甚至连贵州茅台都是后来才买的，就是因为从历史表现来看，泸州老窖是最好的，而且我当时深受“自由现金流”的影响，贵州茅台每年大量的资本开支让当时的我以为“这不是个好生意”。

现在回想起来，我是比较羞于提起当年这些傻傻的想法的，但是我也不后悔，因为那就是我当时的真实水平。当时我对投资的思考比起现在要浅太多，但是好在一开始就是特别正的投资理念，所以一开始就走在康庄大道上。在我接触的人中，像我这样一开始就遵循纯正的价值投资理念、完全没碰过技术分析的只有极少数。

2013—2015 年那段时间，是我投资理念经历重大考验的时期，只是我当时不觉得。当时我认为，我的这种投资方式就是要经历这样的过程，这是必经之路。好在我坚守的是一些天然有优势的原则，比如绝不买贵，所以也注定了我的偏差不会太大。

所以，当我认定了“买的是公司，只要公司不出问题，就不能因为股价涨跌而卖出”这个理念之后，接下来就是几年的等待。白酒股在经历了 2013—2014 年的低估之后，在 2015 年的大牛市和业绩逐步变好的双重刺激下开始一路向上，而我的两笔白酒投资——泸州老窖和贵州茅台，也都已经获得了超过 10 倍的收益。当然，我也经常跟身边的人感叹：当年真的是没钱，如果投入再多一些，早就实现财务自由了。

承德露露后再也没买过 16 倍市盈率以上的股票

截至目前，我有两个投资失败的案例。第一个案例是承德露露，我是大概在 2014 年开始买入的，截至 2017 年全部卖出，年化收益率大概 3%。

我是个北方人，从小就喝承德露露。这个产品确实不错，而且市场上很流行诸如“隐形市场的冠军”“细分行业的龙头”这些说法，承德露露就是这方面的典型，杏仁露市场基本上是被它一家独占的。当时买入的时候我挣扎了很久，因为它的股价不符合我的估值标准。当时的市盈率大概是 24 倍左右，已经远远超出了我过往 16 倍 PE 的上限。我当时还安慰自己，这次我要像巴菲特一样完成“从猿到人”的进化了。[①]

按照我的估值买入模型，后面我陆陆续续又买过很多次。这家公司在后面几年的业绩表现比较一般。持有了几年以后，我认为这家企业的情况出现了恶化，还专门写过一篇文章分析得失。这个案例主要让我得到了三个方面的教训：一是不要沉浸在想象的画面中；二是管理层不一定是必要的，但是一堆完全不懂行的管理层是绝对不行的；三是不管你对这家公司的研究有多深，只要你买得贵，那就是把唯一的你 100% 可以掌握的优势变成了劣势。从那以后，我再也没有买过 16 倍 PE 以上的股票了。

第二个案例是鲁泰 B，我是 2017 年开始买入的，这几年下来，账面亏损已经达到了 30% 以上。当时我因为太久没有买过新公司了，很想找到一家还不错的公司。我把所有公司的数据拉出来看了一遍，最终选了这家公

---

① 巴菲特曾表示，自己的老师格雷厄姆只建议购买“便宜货”，但芒格有着与格雷厄姆不同的投资思路。芒格的理念让巴菲特以非同寻常的速度“从猩猩进化到人类”。

司。然后又因为那时候刚刚了解 B 股，发现这个市场的估值真的超级低，爱占便宜的天性就让我又进去了。

但是进去以后才发现，公司的盈利能力其实是达不到我的标准的，主要体现在 ROE 上。所以在鲁泰 B 上的投资只能说是以错误的标准选择了标的，另外不凑巧碰上了新冠肺炎疫情。所以我现在等的就是，公司的业务慢慢恢复以后，股价也恢复了，然后就卖出。

好公司是最好的安全边际

从开始投资到现在，已经是第八年了，我的风格也像当年的巴菲特一样，逐步从一味地强调“安全边际”，开始向“以合理的价格买入优秀的公司”转变。事实上这些年的投资经历也让我明白了一个道理：好公司才是最好的安全边际。

现在我的思路起步于一个最基础的道理：企业之所以能让投资者取得高于无风险收益率的高收益，就在于企业能够拿着股东的钱创造更高的收益，这体现在两个方面：一个是 ROE，这是静态视角的；另一个是我自创的指标，我叫它“关键比率”，也就是“ROE/分红比率”，这个指标的核心就是在高留存收益比例的情况下，企业依然可以维持理想的 ROE。

所以，我会从上市公司过往的数据中筛选，我的标准是过去十年间 ROE 大于 20% 的年份要大于等于七年，同时关键比率在过去十年间大于 0.4 的年份也要大于等于七年。按照这个标准筛选出来的企业非常少，但是从历史表现来看，也都获得了 20% 甚至更高的年化股价涨幅。

接下来，就是对公司进行逐一分析，理解一家公司过去能够取得这样辉煌业绩的原因；然后试着推测其未来能否继续保持这样的竞争优势；最后，在股价不高的情况下买入，等待公司的表现逐步“推高”股价。

我的投资理念与感悟

我的投资理念就是8个字：湿雪长坡，安全边际。投资风格主要有3个特点：一是研究远远多过操作。这七年多下来，我买入的股票一共不超过10只，只有5只一直持有，除了根据计划买入和卖出以外，每年的操作次数基本不超过10次，操作股票数平均不超过3只。二是一旦决定，我就很少会被市场情绪影响决策。三是保持开放和谦卑的心态，因为很有可能我是错的。

在股市里，我最大的感触就是很多你以为理所当然的事情，实际上却不是那个样子。仅在投资可以赚钱这个理念层面，95%以上的人就已经被淘汰了。我同意“祖师爷”格雷厄姆的一个说法：投资不需要有过人的天赋和才智，只需要正常水平就可以做到。普通人只要找到正道，有了完善的操作体系并且能够稍微坚持一下，想不赚钱真的很难。

对于想要在股市中有所收获的人，我建议看一两本基础的财务分析类书籍，然后把《聪明的投资者》《股市真规则》《巴菲特的护城河》这样的书看完，如果你认同这样的理念，并且对投资充满好奇，那就开始吧。

但是我们要始终记得格雷厄姆的那个结论：普通人通过努力，获得略高于无风险收益率的回报是很容易的，但是如果想继续提升收益率，每一步都难如登天。

鱼跃先行者的投资之路

| 朱贰哥 |

编者语： 很多人关注@朱贰哥是在2019年1月29日，他和另外几位雪球用户因为讨论鱼跃的血氧仪卖断货而引发了辩论，彼时鱼跃医疗的股价正值25元左右。

他很喜欢《阿甘正传》里的这句台词："生活就像一盒巧克力，你永远不知道下一块是什么味道。"他之前做美股交易员，后来自己组建公司做A股交易，到现在做职业投资者。他常说："我人生的下一个目的地在哪，谁知道呢？"

炒股我是"从0到1"

2008年我在银行办理业务时，证券公司的经纪人在银行"蹲点"，于是我便开了股票账户。买股票初期，我什么也不懂，追涨杀跌乱买一通，亏钱了，就没再买了。

2013—2015年，我机缘巧合地做了两年多美股日内交易员。由于晚上做美股，白天没事干，我就又开始投资A股了。正好赶上了2015年牛市，我做美股交易员和日内T+0都赚了点钱。

2015 年之后我由美股交易员转行到 A 股做日内交易，和朋友一起开了个小公司，和券商机构、大散户等合作，利用他们给我们提供的底仓“做T”① 赚差价。因为做 A 股日内 T+0 交易只有四个小时的交易时间，所以剩下的时间我们就用来研究其他交易策略。

可转债套利、分级基金套利、ETF 套利等低风险投资我都曾有过研究，股指期货、期权等也有过探索。股票交易方面，短线波段，甚至打板策略、事件驱动等投资理论和方法我也研究过。因为我是厌恶风险的人，比较保守，各种各样的方法和策略都了解过后，认为中长期持有优质公司才是正道，其他的日内 T+0 也好，波动也好，都是辅助策略。虽然我以长期持有优质公司为主，且大部分时间和精力也是用来研究公司，但因为是交易员出身，技术分析手段我也偶尔会用，对其他各种各样的方法也会尝试。总体来说，我个人投资的方向还是比较杂乱的。

鱼跃医疗和我的缘分

最开始接触雪球是在 2016 年，刚开始是偶尔上去看看，2018 年之后我逐渐成了雪球的深度用户，用“住在雪球里”来形容也不为过。因为职业做 A 股后空闲时间比较多，而我又主要研究中长线投资，所以雪球是很好的平台。

在雪球我聊得比较多的个股是鱼跃医疗，2019 年底因为重仓鱼跃，所以跟踪研究得比较多。

新冠肺炎疫情作为突发事件是每个人都完全意想不到的，早期鱼跃医

---

① 做 T：在当天既买入又卖出同一只股票的超短期操作。

疗对该事件也是毫无反应。大概是在2020年1月中旬的时候，病例逐渐增多，开始引起市场的注意。其间相关股票也有反复，直到春节前的最后一天，股市暴跌，鱼跃医疗逆势大涨，那天其实我是“卖飞”[①] 了一些的。谁也没想到疫情会这么严重，直到武汉“封城”。

本来鱼跃医疗占我五六成仓位，但我没想到疫情这么严重，春节前最后一天“卖飞”了小一半。春节后开盘的第一天我顶着涨停板买回来，开板后又买了很多。这次加仓我是非常自信的，主要是基于对疫情巨大的预期差，甚至比在20元以下买鱼跃医疗的时候还要放心。确定性、安全性和爆发性都极好，这样的机会实在少有。鱼跃医疗后来的走势虽有回调，但总体上和我预想的差不多。没想到的是国外疫情严重失控，鱼跃医疗的股价很快就涨到了40多元。

大部分时候鱼跃医疗是我的重仓股，最多时占高达80%的仓位。因为高抛低吸外加日内收益，虽然有高位的加仓，但总体上持仓收益也快翻倍了。其他持股有赚有亏，但因为这些仓位比较小，对收益总体上影响不大。新冠肺炎疫情以来我的总体收益率在百分之七八十，主要得益于鱼跃医疗。

虽然在鱼跃医疗上取得的高收益有很大的偶然性和运气成分，但和我自己的认知也有关系。很少会有人像我这样，把“卖飞”的股票顶着涨停板又追回。而且当时已经是我设定的最大仓位了，我又冒险加到了更大。我敢这么做的原因有二：一是对鱼跃医疗公司的深刻认识，二是对疫情预期的把握。既有对公司基本面的研究，又有对事件驱动的准确认知，对我来说这是“双保险”，所以敢重仓之上再重仓。

---

① 卖飞：卖出股票后，股票价格开始上涨。“做飞”含义与此类似。

未来最看好医药、医疗健康和服务板块

未来我最看好的板块肯定还是医药、医疗健康和服务，现在它们加在一起占了我 80% 的仓位，未来最少也不会低于 50%，大部分时候会在 60% 以上。在我眼中，老龄化是我国未来最具确定性的投资方向，我也会花更多时间和精力去研究这些相关行业和公司。

总之，投资过程中，要了解大部分人的观点，听取少数人的意见，但最终还是要自己独立做决策。

十余年历经两轮牛熊洗礼：我的本能和看见

| 张熙 |

编者语：爱因斯坦说："我没有什么才能，不过喜欢寻根究底地追究问题罢了。"

拥有理科生背景的 @ 张熙，在刚刚进入大学时并没有认为自己会和金融行业有如此密切的关联。"两个人，一本书，改变了我的择业轨迹，后面的事情，就交给自己勤奋的本能了。"

不想"敲代码"，跨专业考研学经济学

我于 2001 年开始读本科，专业是信息工程，移动通信方向。在做毕业设计的过程中，我发现自己真正感兴趣的方向与工程师背道而驰。通信工程师主要的工作是写代码、做基站的软硬件测试。很多同学毕业后会去中兴、华为工作。我看到过太多师兄师姐在进入这个领域之后的生活状态，那可谓是"日渐头秃"，所以当时我就想到了换专业考研。

转专业不是一时脑热就决定的事，现在想起来当时影响我的可能有两个重要的人和一本重要的书。

一位是我的室友，他总是在读一些经济学方面的书，我有时也跟着

看。慢慢地，对经济和金融的兴趣与日俱增。而另一个同学则是凭借自己的兴趣和钻研，换到了经济学专业。

这两位好朋友，帮我拓宽了眼界，使我看到更大更丰富的世界。我们至今还保持着联系，经常就市场进行讨论。

而那一本重要的书，是有一天我在图书馆不经意翻到的《人类行为的经济分析》，作者是诺贝尔经济学奖获得者贝克尔。无意中看到的这本书让我有发现了新大陆一般的感受。我发现通过经济学模型可以解释和预测社会中的很多事情，这让我觉得很有意思，看待这个世界的角度和方法也发生了一些变化。

职业生涯中的两个贵人

我在求学和工作的过程中遇到过多位引路人，我非常感恩一路走来有他们的教导和提携。

第一位引路人是我研究生阶段的导师——张军教授。在他的指引下，我首先恶补了很多经济学知识，后来又尝试着在学术上做一些研究工作。在研究生阶段，张老师教会我很多——如何做学术，如何发现问题，如何解决问题，如何从经济学的角度看待这个世界，这些都让我受益匪浅。我的思维方式也逐步从理工科转向经济学。

第二位引路人是黄燕铭老师，当时他是申万研究所的副所长。我找工作时看到申万在招聘宏观分析师，就提交了申请，面试中与黄燕铭老师结识。尽管当时应聘的职位没有通过，但黄老师把我介绍到了另一家券商研究所。当时我还不知道黄老师把我引荐到了哪里，只是因为我对研究这个行业十分感兴趣，所以也没有问太多就去了。入职后才知道黄老师帮我引荐的是计算机行业资深的分析师——龚浩老师，那个时候他已经荣获很多届的新财富第一名。后来黄燕铭老师去了国泰君安做研究所所长，我在后面几年间也参加了他主持的培训，与他进行了多次沟通和交流，因此我的思路受了他很多影响。黄老师是国内券商卖方研究框架和体系的构建者，这套体系至今仍然是市场机构投资者使用的主流方法。

印象深刻的第一只股票

2012 年左右我开始高度关注港股市场，经过一段时间的学习摸索之后，我在港股开了户，准备小试牛刀。

我买的第一只港股是一家传媒行业的公司。之所以买这只股票，是因为在北京做调研时，机缘巧合之下见到了公司的董事会主席，我们聊了很久，对公司业务和规划有了一个大致了解。之后过了不到一个月的时间，又和行业小伙伴集体调研，这次对公司了解得更加深入，特别是对公司主席在影视圈的资源整合能力印象深刻。我判断这是一个很好的投资机会，就在港股市场买了这只股票。我买入的价格大约是 0.41 港元，拿了很久一段时间，股价跌到 0.31 港元，随后听说这家公司内部发生变故，对股价产生了负面影响。初入港股市场，我还是遵守严格的止损纪律的，于是在 0.33 港元左右的时候就清仓了。而跟我一起买入的小伙伴因为机缘巧合没有卖，大概过了几个月，这家公司被借壳了，股价当天涨到 3.2 元。这段经历真是令我终生难忘。

2011 年之后我开始做买方，在华安负责科技板块。那段时间传媒板块的机会非常多，我们抓住了新媒体板块崛起的机会，在整个传媒板块研究和布局了很多公司，这部分收益非常丰厚。我自认为对传媒类的公司还是有很强的定价能力，结果在港股市场上自己出手的时候却输得一塌糊涂。

两轮完整牛熊洗礼之后，我的投资体系日益完善

2009年参加工作以来，我历经两轮牛熊转换。第一轮是从2009年国家政策刺激下的牛市，到2012年的熊市；第二轮是2014—2015年的成长股大牛市，到2018年的全面熊市。

回过头来看，这些年我对行业的研究能力、公司价值的分析能力等都在不断得到锤炼。两轮牛熊之后，我的投资体系逐步完善。我在投资的时候，会集中思考以下两个方面：

第一，在分析投资机会的时候，需要以公司内在价值为“锚”，以此作为判别的基础。如果目标公司的价格和这个“锚”的差距较大，我就会寻找个中原因。是什么因素造成了这些差距？这些因素会不会变化？如果变化，多久变化？变化后给我带来的回报空间有多大？

第二，怎么去设定这个“锚”？怎么去设定和量化这家公司的内在价值呢？尤其是对于成长类的股票，在我看来，公司的商业模式决定了它的内在价值，决定了它的估值。估值才是公司真正的价格。

所以把两点放在一起，通过内在价值的判别，形成“锚”，然后对比价格，寻找机会，这就是我的基本方法。

很多公司的商业模式有比较大的变化空间，特别是一些与互联网相关、资产比较轻的公司，一方面它自身的模式在不断地变化和演进，另一方面市场对这些公司模式的认知及估值也在不断演进。所以在这个过程中，一旦企业自身的业务模式或大家对模式的认知发生变化，估值的波动就会非常大。

举两个例子，一个是A股影视行业某龙头股，2010年前后上市，上市最初是制作电视节目，后来改为广告，又改为做电影发行，再到后面的参投制作动画等，它的业务模式变更过好多次。这中间市场对于该公司的估值也是起起伏伏，最高给到过百倍的PE，最低给过20倍的PE。虽然不一定每次定价都准确，但基本反映了市场对于不同商业模式的态度。

另一个例子，2014年大家对转型类的公司非常认可，那时轻工行业出了很多牛股。大家感兴趣的原因是：本来这种轻工业公司的估值很低，一旦转型开始做“风口浪尖”上的东西，它的估值就会存在提升的空间，从原来的十几倍提升到三五十倍。收购中也有一些业绩的对赌和利润，所以就存在“双击”的可能性。当年大家对这种转型类公司十分热衷，甚至认为公司只要打算转型，股票就能涨。

12年投资生涯，我时刻警醒

第一，扩张格局，看到未来。

我是在2015年认识到这个问题的重要性。只有首先具备大的格局，才有可能获取足够大的收益空间。这个道理是一个朋友教给我的，他做投资有些极端，将绝大部分身家用于买一只股票。

这家公司2010年上市，2012年左右我们开始讨论，当时去翻报表，这个公司的净利润约两三千万元，市值20亿元出头，最低的时候跌到了十几亿元。大概就是在这个位置，我这位朋友把自己的钱都拿来买了这家公司的股票。我问他为什么要做这么危险的事，因为我认为这个公司并没有特别出彩的地方。之后他给我讲述了他对这个公司的看法。

这件事点醒了我关于看一个公司的格局和空间的区别。彼时，我还在关注该公司能产生多少利润、给一个什么样的估值、回报空间如何等问题；但他不是，他看得更远，比如五年十年后整个行业、整个公司能发展到什么状态。他结合对这个公司的老板和关键员工的判断，最后做了这个决定。这家公司从那个时候市值不到20亿元到现在七八百亿元，最多时接近1000亿元，我的朋友证明了他的决定是正确的。

后来我也买过这只股票，也获取了不菲的收益，但跟他相比不可同日而语。我意识到在看一个大的投资机会的时候，眼光和格局很重要，这会对你最终的收益率水平产生非常关键的影响。

第二，抓住泡沫，看到情绪的风口。

传媒板块从2012年底开始逐渐获得市场关注，整个2013年都涨得很好，但整个行业的估值从2014年就脱离了合理区间，来到一个泡沫化的高位。当时我在第一线，真正体会到了什么是正反馈效应，也就是索罗斯说的反身性。一家公司的股价会成为其自身上涨的一个动力，上涨得足够多，得到的关注足够多，那相关的利好和逻辑可能就随之而来。之后2015年的成长股泡沫，更是让我见识到流动性叠加市场情绪，能够让估值脱离地心引力。所以在后来的投资生涯中，我总是对人性抱有深深的敬畏之心。市场情绪非常亢奋的时候，我通常会多想想风险，多想想反方逻辑，多准备几套预案。

第三，慎用杠杆，不给市场“杀”死我的机会。

2015年、2016年几次大幅下跌，我身边有不少人，包括同学、朋友等，因为加杠杆的缘故，赔了很多钱。很多人不仅把牛市赚的钱全吐了回去，还倒贴了很多。包括几个我很亲近的朋友也是这样，股市大幅下跌时把身家都赔了进去，且未来几年都要持续还债，承受巨大的压力。这个事情对我的触动很大，所以我在后面的投资过程中，对于杠杆的使用是极其谨慎的。哪怕是比较低的融资融券我都非常谨慎，不给市场一点“杀”死我的机会。

我的性格决定了我投资的态度和方向

简单概括我的性格，我认为是如下四个关键词，它们对我的投资有着正向的影响。

理性——投资的最基本要求。

包容——心态开放，拥抱市场，多看不同的东西。

勤奋——行业对基金经理的年龄和精力要求都很高，有“年龄不到，经验不足”的说法；超过一定的年龄，精力又不太够用了，原来熟悉的打法可能不再适用。所以做这行随着年龄的增长，需要持续的勤奋才能制胜。

认错——这一点仁者见仁。对我来说，知道自己的不足，认识到自己看错了的时候，要及时认错。一直认死理、一直死扛的话只有两种后果，要么就是大赢，要么就是彻底失败。我认为及时止损也是十分重要的，所谓“挥别错的才能和对的相逢”。

不甘庸碌

投资改变我的生活方式

他们是普通人，是小人物，可能是你我他中的任何一个。他们通过投资改善生活品质，改变生活方式，达成人生中的一个个小目标，甚至是实现财务自由。投资，让他们的生活更美好。

投资是一场马拉松

| 神秘亚马逊 |

编者语：他是一位入市28年的老股民，年轻时急于赚钱，与朋友一起做国债期货，不料撞上“327”国债风波，不仅亏得精光还欠下不少债务。为了东山再起，他拼命工作，最终成为公司的高管。他努力学习技术面和价值分析，不仅在投资上渐入佳境，同时也收获了爱情。他就是@神秘亚马逊，一位兼顾工作、投资和生活的雪球达人。

初入市场撞上“327”国债风波，亏得一无所有

我是神秘亚马逊，1969年7月出生，如今已年过半百，现在浙江宁波某公司负责一个大型物流投资项目的筹建。我与股票的不解之缘，要从我的大学说起。

在大学时代，我就对股票投资产生了极大的兴趣。上课之余，我经常泡在图书馆，在当时不多的财经类书籍中搜寻股票投资的知识，等到大学毕业时，我已经对股票期货的基础知识有了一定了解。工作后，我利用出差的机会，专程到坐落于上海外白渡桥旁的上海证券交易所办理了股票账户开户。可以说我是在宁波市乃至全国都算极少数的、在1992年已经开了

股票账户的老股民。只可惜经过后来的几次搬家，那张排名十分靠前的上交所纸质股票代码证再也找不到了，可惜！

正准备一展身手，却事与愿违，开户后我才知道当时的证券公司至少要5000元保证金才能进行交易。而当时的我月工资才不到300元，每年省吃俭用也只能积攒2000元左右，加上原有的积蓄，至少要两年后才能开始交易。看到身边的朋友一个个开始了实战，我心里真不是滋味。我曾哀求过母亲，希望她能帮我一把，但母亲这一代人似乎对股票有天生的敌意，或许她已经被类似于“股票就是投机，就会让人倾家荡产、跳楼”之类的恐怖描述给吓怕了，死活不肯借钱给我。怎么办？只能靠自己省钱，靠省吃俭用了。

到1995年初，我终于有了一点积蓄，但那时的我已经看不上炒股票了，嫌股票赚钱速度太慢。我好说歹说地问母亲借了2万元，母亲毕竟心软，还是借给了我。但她要求我写借据，且有利息，还挺高，我记得是年息18%。这些钱和我朋友的钱凑在一起，我们做起了梦寐以求的期货交易。但是就在那年，影响深远的“327”国债期货风波爆发了。我和朋友因为做了国债空头，成了被无情爆仓的“韭菜”，向母亲借的2万元加上我自己数年的积蓄也都一扫而空，我成了一名一无所有的穷光蛋和无业游民。

拼命工作还清债务，事业渐入佳境的同时收获爱情

半年以后，在同学和朋友的鼓励下，我振作精神，找了份房地产公司的工作。为了生活，更为了证明自己，我拼命地工作，获得了稳定而不菲的收入回报。而这反过来又促使我更加努力工作，入职第二年我就进入公

司中层。因表现出色，1996 年底公司给我发了 4 万元年终奖金，使我仅用一年多的时间，就连本带利地还清了向母亲借的债务。这份工作是我人生的转折，由于业绩突出，我一路被提拔，最后进入了某央企合资公司做副总经理，也因此，我遇到了生命中最重要的那个她。

我们俩是同事，我们的恋爱除了花前月下、看电影、逛街之类的常规项目，还有一个与众不同的活动，就是在那个“赫赫有名”的宁波银河证券解放南路营业部一起参加股票培训班。在培训班里，我们俩学习了 K 线、均线、波浪理论等知识，又学习了“红三兵”“三个乌鸦”“芝麻点”之类的 K 线形态术语。记得每次培训结束后，我俩都久久不愿离去，在营业部的电脑上不停翻看股票 K 线图，看到有买入信号的股票就记下来。其中最成功的一次是她发现了成量股份[①]的走势中出现了“芝麻点”[②]。第二天开盘前我还在犹豫，是她鼓励我坚决全仓买入。集合竞价买入后，开盘不久果然就涨停了，我俩欣喜若狂，终于在股市瞎打瞎撞多年后收获了我人生第一个涨停板。

接下来的经历就比较顺了。到 1999 年初我俩结婚前，我用 8 万多元本金赚了差不多 8 万元，她用 8 万多元本金赚了差不多 4 万元，这些钱加上双方父母的资助让我们买了人生的第一套房子。完成了装修，购买了家电，拍摄了结婚照，举办了婚礼，还出去玩了一圈——新马泰港澳 14 天豪华游，干了这么多件事，资金还略有结余。但旅游回来时，1999 年如火如荼的“5·19”行情已经进入下半场。到 6 月下旬，我再也按捺不住，义无反顾地冲进股市，结局当然是毫无悬念地被死死套住了。之后十余年的

① 成量股份：股票代码 600673，现在改名为东阳光。
② 芝麻点：在一大段成交量“地量”之后突然出现“放量”。

股市投资，我一直在亏损、套牢的泥潭里挣扎，原来的盈利模式似乎都失效了。好在我们俩的生活并没有因股市投资不理想而受什么负面影响。

迷雾航行中遇到灯塔，赚到价值投资第一桶金

直到2014年底，我和老婆一起去看望她曾经的中学老师。这位老师已经专职在家炒股了，他给我们讲述的投资理念犹如“黑夜里的一道闪电”和“迷雾航行中碰到的灯塔”一般，给在黑暗和迷茫中摸索的我们带来了光明与清晰的指引。老师推崇“价值投资”，喜欢研究个股的基本面，喜欢分析个股的财报和机构研报，并看重机构预测的个股今后至少三年的业绩，几乎专做中小盘的成长股。他还开通了个人博客，我们如饥似渴地学习、吸收他帖子里的知识，他从根本上改变了我们的投资理念，让我们在2015年之后的投资之路越走越顺。

2015年初，根据老师的理论，我们精选出网宿科技、立讯精密、欧菲光三只大牛股，并几乎持有到了“牛市转熊”，总收益接近七位数，算是利用价值投资理念赚到的第一桶金。其中，我们花精力研究最多的是网宿科技，最令人遗憾的是立讯精密，赚钱最多的是欧菲光。

网宿科技是做互联网CDN① 和边缘计算的，当时每年的业绩增长都超过了100%，多家券商的研报对其日后三年的业绩预测也都基本保持了这一增速。股价看似PE很高（100倍左右），但实际的市盈率相对盈利增长比率（PEG）却不高（接近1），属于较安全区域。我毫不犹豫地建仓，并动态跟踪其财报和研报，获利不菲。后因其“护城河”相对较窄，在阿里

① CDN（Content Delivery Network），即内容分发网络。

云、腾讯云相继进入 CDN 领域前我就清仓了。

立讯精密属于苹果概念，当时与信维通信有着此消彼长的竞争关系，苹果公司也经常在这两家公司之间分别下单或压价。这家公司财务数据很健康，让我也赚了不少，可惜我总是担心苹果这个单一大客户的流失风险而不敢长期投资。让人哭笑不得的是，我老婆的闺蜜因听了老婆的介绍而买了立讯精密，从 2015 年 6 月的 7 元（前复权）狠狠地拿到 2020 年上半年的 52 元才走，不算分红获利都已经超过了 7 倍。

欧菲光是在 2015 年 4 月初我和太太准备赴欧洲旅行时，为避免时差因素影响而选择的一个偏安全、偏防御型的股票。其在两年内一直在一个箱体内振荡，与当时大盘冲上 4000 点、每天成交额破万亿元的背景相比，属于严重滞涨的品种。果不其然，等我们从欧洲回来，欧菲光涨了接近 80%，让我们赚得最多，真可谓无心插柳柳成荫。

加码博敏电子和闻泰科技，继续感受科技股的爆发力

于网宿科技、立讯精密、欧菲光上的成功，推动我继续搜寻科技股的好标的。2019 年 9 月初，我买入了博敏电子。博敏电子属于 PCB① 板块，同板块的沪电股份和深南电路已是一涨再涨，成为当时的明星股。而博敏电子的财务数据和基本面都不差，却严重滞涨。在确认基本面后，通过“净利润断层”和“主力筹码分布”等分析，我果断全仓买入，仅不到一个月就赚了约 52%。

2020 年受半导体芯片板块“暴力”反弹的影响，我于 3 月 11 日收盘

① Printed Circuit Board，即印制电路板，又称印刷线路板，是重要的电子部件。

前全仓“杀”入闻泰科技。当晚公司发布公告停牌两周，之后经历了长达3个多月的探底、筑底过程，我的最大套牢幅度达25%。幸亏在套牢期间我极其深入地钻研了闻泰科技的基本面和定增方案，对其有了比较深入的了解，才能咬紧牙关，忍受巨大的压力和煎熬，绝不“割肉”。也多亏闻泰科技能快速顺利上会以及无条件通过定增方案，股价重新开始拉升，我的账户也因此水涨船高，让我完全收复失地。

这可以说是因祸得福，因深度套牢，我反而有了大量的时间可以进行基本面的研究，对闻泰科技和半导体芯片行业有了以往不曾有过的了解，达到“股价暴跌，心里不慌”的程度。闻泰科技可以说是我近几年来研究最深入的股票。

消费赛道偏爱化妆品，全仓爱美客收获满满

2020年春节股市停牌期间，我对不少股票进行了深入研究，此后重仓过丸美股份和珀莱雅，对华熙生物也了解不少。我能发现爱美客并纳入自选股，也是从在雪球浏览华熙生物开始的。纳入自选股以后，我利用国庆长假的时间对爱美客进行了深入研究，收集了其上市公告书、各大券商的深度研报，大致了解了其所处的市场赛道、在售和在研产品、竞争对手以及募集资金投向等。我发现其市场非常大，成长性十足。爱美客的毛利率、净利率极高，资产负债率只有2.62%，没有短期借款和长期借款，财务指标堪比贵州茅台。此外，它的产品还拥有三类医疗器械证，这个证可不好拿，意味着它的“护城河”很宽广。之后我进行了估值对比，惊奇地发现爱美客每股330.24元的价格与华熙生物相比竟然还是低估的！10月9日开市，我以集合竞价331元的价格果断全仓买入，到11月19日以559.50元的

均价战术性、阶段性清仓，至此不到一个半月，我的盈利就达到69%。

整体来说，我的投资风格还是基本面选股、技术面择时。以价值投资为基础，通过财务数据和券商研报锁定品种，再根据市场的运行阶段有选择性地建仓、重仓、减仓、清仓，不断进行满仓轮动，以获得最大收益。我个人比较偏爱科技股和消费股，因为一旦踏准节奏，科技股的爆发力强，而消费股的持久性强。

投资生涯的插曲：唱空三聚环保引来质疑，时间终究证明我是对的

2016年10月，三聚环保发布三季报业绩预告，指标好得不能再好。但在进行了深入研究后，我发现了问题。

由于做物流公司高管十多年，我对公司的财务报表非常敏感，一般的财务经理都蒙不了我。我看三聚环保的财报时，发现它的经营性现金流极不正常，现金流与净利润不匹配，应收账款巨大，经营性现金流长期为负，而且存在问题项目、大股东股权质押等隐患，于是我开始从“自由现金流”的角度分析三聚环保，对它的财务数据提出质疑。

当时的三聚环保和亨通光电一样是具有成长性的明星股，可是亨通光电的应收账款都是中国联通、中国移动这种大企业，回款虽慢但绝对有保证；而三聚环保的净利润全是应收账款，而且很多是位于小城市、小村庄的公司，回款没有保证。但三聚环保的管理层口才实在太好，很多股民依然坚定地看好这家公司。

我在质疑三聚环保的过程中，遭受了很多谩骂和嘲笑，有人甚至说我在恶意诋毁三聚环保。好在时间终究证明我是对的，当时三聚环保的股价

是30多元，融资盘有接近30亿元；而现在回头看，三聚环保已经跌下神坛，股价最低跌到3元多一点。

28年老股民的感慨：投资收益从来不是线性的

A股诞生已有30年，我几乎经历了其中大部分的历程，在这30年的风风雨雨里，A股就像一个婴儿，从呱呱坠地、牙牙学语，到懵懵懂懂、青春年少，到现在已经三十而立、事业起步，真是不容易。

而从我投资股票20多年的经历看，我深深地感受到：个人投资成长的轨迹是非线性的，90%看似无用的努力都是为了最后10%的绚丽爆发，即所谓的厚积薄发。我们只看到别人冲上云霄，内心产生羡慕、嫉妒，但我们其实并不了解他过去多年的铺垫过程中经历了怎样的煎熬、需要怎样的耐心。明白了这个道理，我们也会对时间的意义有不同的理解。看起来我们在90%的时间中做的事情都没有太大意义，但是我们一定要去做，其意义就在于让最后10%的爆发无比绚丽，所以我们要敢于在正确的道路上继续走下去、熬下去。就像当年那位中学老师博客里的一句话：超级成长股带来的巨大收益是无比绚烂的，要把握这样的超级成长股，不是凭运气，而是靠平时的研究与积累。

作为投资者，我们必须时时刻刻反思自己的投资模式。不要总是觉得自己的模式是无比正确的、市场是错的，认为自己怀才不遇。我认为，如果你现在已经连续两个季度都跑输大盘，那就是操作思路有问题了，必须深刻反省，改变自己的思维和操作模式。连巴菲特都一直在改变，何况是你我呢？

如果要对初入股市的投资者说一句话，我想说：如果你真的热爱股市，愿意为其废寝忘食，愿意“为伊消得人憔悴”，那就要勇敢坚持下去；如果你只是跟风随大流，那我劝你还是早点离开股市吧，因为股市的发展历程告诉我们，“七亏二平一赚”是一个铁律。

与我爱的人一起在股海沉浮中直面风雨和阳光

有一个人生好伴侣非常重要，我亲爱的老婆大人一直以来都对我的投资非常支持。不仅支持，还身体力行——她现在已经是一个专职股民了！碰到问题，我们俩经常交流学习，而且我们现在一人一个股票账户，各自操作、互不干扰，又互相竞赛、比较收益率。

每当我发现一个目标标的，我总是先告诉她，听听她的意见。一旦确定建仓，我总是迫不及待，经常满仓套牢且不时会信心动摇，而她不仅鼓励我坚定信心，而且总是不慌不忙地来抄我的底，以实际行动来支持我。她从不满仓，永远有钱加仓，令我羡慕不已。以 2020 年上半年的闻泰科技为例，我 122 元时已经满仓套牢，而她只是在 122 元买了点观察仓，之后以 108. 27 元左右的价格慢慢小幅建仓。在股价跌破 100 元，甚至接近 90 元时，她居然还有资金不断地从容加仓，最后总成本只有 100 元左右，真真气煞老夫也！最终我 2020 年闻泰科技的收益只有约 28%，而她却有 50% 以上，成绩比我好得多，真叫我不得不服啊！

整体而言，我的业绩比较大起大落，而她比较稳健，赚得没我多，但回撤也少。我们相得益彰，堪称“灵魂伴侣”，她是我人生中的福星。对我来说，家人最大的支持就是和我同样感受股票投资的喜怒哀乐，在股海的跌宕起伏中一起直面风雨、一起成长。

期待 A 股的下一个 30 年！

我始终坚信只有“投资自己”，才能抓得住运气

| Lucky_Ricky |

编者语：@ Lucky_Ricky 是一位有超过10 年投资经历的“90 后”，研究投资始于对个人资产的管理。他日常从事 IPO 及商业咨询工作，能较为准确地识别一个企业的商业价值。本文讲述了他是如何在股市积累到第一桶金，又是如何在价值毁灭的情况下挺过来、变得更强大的。

投资缘起

许多时候我会觉得人生十分奇妙，每个人的命运看似掌握在自己手中，实则都在被时代的洪流推着走。不过，虽然随机事件会影响每个人的命运走向，但个人主观的选择也非常重要。作为“90 后”，我接触证券市场已经超过 10 年了，相比身边多数只有 2 ~ 3 年证券市场经历的同学，有时我自己都觉得不可思议。能对一件事情投入这么长时间，并且还是纯自发性的，不仅因为我觉得证券投资“有用”，兴趣也是很重要的因素。

我 18 岁刚刚成年时就在国海证券开了户，那个时候我对股票市场的了解基本为零，道听途说、小道消息、追涨停等各种错误路子都试过，纯粹是凭着感觉和看 K 线图交易。2008 年，次贷危机的市场环境加上错误的交

易思路，我的亏损超过85%，亏损额对于当时的我来说是一笔巨款。这在当时带给了我不小的心灵震撼，是我投资初期一次挺残酷的经历。由于不甘心，我在上大学时抽空学习股票知识，旁听金融专业的课程，也阅读过各类书籍。但由于2008年的亏损带给我的恐惧，大学期间我只敢用模拟盘练习各种不同的交易方法，不敢也没钱用实盘来练习。在这个阶段，我对公司本身的价值没有太多的认识，只是蹩脚地用各种技术或财务指标进行分析，因此一切对于股票的买卖仍然停留在“交易”“炒股”“炒概念”的层面。

其实读书时我没少折腾。除了临近高考时开了个股票账户外，我还尝试过通过博客卖货、代理小商品、开淘宝店等赚钱，这些经历帮助我积累了商业知识，对我启发很大。我来自普通家庭，家里人都不是经商的，因此一直以来都没有这方面的熏陶。但学生时期这一系列“尝鲜”的过程以及投资股票的经历极大地促使我从公司业务、财务、行业变迁等角度理解商业。价值投资的种子也是在这个阶段埋下的。

两次成功投资使我积累第一桶金

其实我并不喜欢别人把我的投资行为称作“炒股”、把我定义为“股民”，根本原因还是我的投资理念发生过巨大的转变，现在的我认为，投资的收益来源本质上是公司的价值体现（无论是低估被发现，还是持续成长带来的价值增加）。也许是因为“炒股”和“股民”这两个词常常在媒体中与“短线操作”“追涨杀跌”“韭菜”等词语联系在一起，使得我天生对“炒”这个词感到厌恶。我更希望把自己定义为一个“投资者”，通过行业和企业的发展获取利润，而不是依靠频繁的短线交易。

自从我的投资理念发生转变后，我就对自己有了更高的要求。大多数人认为二级市场只是“小赌场”，是娱乐的地方，几千元的盈或亏本质上不会给人生带来任何改变，也没法解决买房、养老等实际需求。我认为二级市场不应该只是赚点零花钱的地方，而应该是人生和事业的主线之一。

真正令我开始重视证券市场、关注企业自身成长的有两件事：一是大学刚刚毕业时我无意中发现，格力等几家公司的股价从上市至今涨了数十倍，腾讯的涨幅更夸张。而事实上，这类公司在现实生活中的行业和消费者影响力也在逐年增加。二是我接触了价值投资的理念，并读了许多相关书籍，意识到持有一批不断成长的企业能带来财富持续复利增长的效果。这两个重要的思想转变，令我深刻意识到股票市场并不仅仅是一个追涨杀跌的“赌场”，而是一个实实在在配置资产的地方。虽然 2008 年我就开设了股票账户，但到此时我才真正接触证券市场的本质，打开了“新世界的大门”。

虽然回顾格力、腾讯等公司的成长经历让我非常震撼，但真正促使我确立投资理念的（从相信升级为信念）是两次成功的投资。

第一次是腾讯的窝轮（warrants）① 涨了 2 倍。记得那是刚毕业的时候，虽然我手上没太多钱，但我对一切新鲜事物都挺感兴趣。我对腾讯的成长史有较多了解，知道腾讯的市值涨了几百倍，于是去开设了港股账户。那时候我对港股的公司了解不多，不敢贸然买入任何一家公司，在比较了一番后，相对而言自己更看得懂腾讯。但那个时候买一手要几万港元，太贵了，于是我很大胆地买了腾讯的窝轮。没错，作为一个港股菜

---

① 窝轮：认股权证，它赋予持有者在一定期限内以事先约定的价格购买发行公司一定股份的权利。

鸟，我竟然选择了用衍生工具来替代正股，到现在为止我都觉得挺不可思议。幸得老天眷顾，腾讯的股价涨了不少，高杠杆的衍生工具带给我很大的惊喜。

第二次是中国恒大，我持有4年，盈利超过了600%。我的第二份工作恰好是一家香港上市公司的子公司，工作之余我也对港股有了更深的了解。我所在的公司属于零售业，日常业务与商业地产关联紧密。由于工作原因，我也经常去不同省份调研当地的商业环境，这是个很好的机会，让我对地产、商圈有了充分的了解。去了这么多的城市和商圈，我发现恒大与碧桂园的楼盘十分常见，于是我开始关注地产公司。由于恒大地产土地每平方米单价基本最低（意味着毛利空间更大）、土储面积全国第一、项目周转率较高，而市值却远低于土地价值，我意识到这是高杠杆经营的大风险吓跑了众多投资者。经过一段时间的研究，我全仓投入恒大这家公司，积累了第一笔可以真正意义上用来专注于投资的“资本金”。记得恒大从6元一路下跌，我一路买到4元，当时媒体总是报道恒大高杠杆的问题，那时我的心理压力确实挺大。所幸经过反复思考、确认投资逻辑后，我一直保持自己的判断，没有轻易被外界言论左右，后来在24～28港元卖掉了绝大部分仓位。

虽然这两次投资我的运气都不错，但我始终相信，许多偶然实际上是被忽略的必然。这两笔结果不错的投资，离不开我一直以来对公司价值的重视。

疫情不会改变我的投资理念

我写这篇故事是在2020年4月，正值新冠肺炎疫情高峰。我比较幸运，除了不能出门以外，疫情基本没对生活造成什么影响。不过我还是希望国内外能尽快控制并消灭疫情，经济运行能尽快恢复，能让我们有机会去不同的地方旅游。一方面是通过旅游放松心情，许多国家和地区我还没去过；另一方面是看看这个世界发生的变化，看看各行各业即将迎来的转变，让自己对环境保持敏锐。

虽然疫情不会改变我的投资理念，但能促使我思考如何优化投资理念。我意识到也许要更多地考虑市场波动的影响。这次疫情来势汹汹，不仅对居民生活影响很大，也令资本市场反复动荡。我深深感受到做价值投资真的不易，虽然好公司大家都知道，但能否拿得住、如何应对市场波动，这都是学问。未来很长一段时间世界可能都不会特别平静，资本市场的波动仍会存在，发生系统性风险的概率会提高；并且由于中国资本市场逐渐对外开放、与全球市场融合，A 股的国际化程度提高的代价是其不能再“独善其身”了。

其实这次新冠肺炎疫情除了带给我们困难之外，也创造了宝贵的精神财富。为何这么说呢？我认为全国人民在此次事件中极大地加深了对国家的理解和认可，也就是常说的“民族认同感”，我们的民族凝聚力变强了。尽管民族凝聚力的威力目前还没完全显现，但随着全球范围疫情平息，经济恢复增长，我相信它能够极大促进民族经济建设。盲目崇拜外国的人会越来越少，也会逐步被社会和舆论边缘化。可以预见的是，民族凝聚力达到空前的高度，会加速国产替代的进程，国货的认可度会继续提高。

也许在不远的将来（我认为是 5 年内），国货在硬件和关键技术方面的持续突破及用户体验的本土化优势，会促使更多的人买小米、华为不买苹果，买蔚来、小鹏不买特斯拉，穿李宁、安踏不穿耐克。民族企业会迎来大发展。

当下，我看好通信电子及新能源汽车板块

目前我比较看好通信电子板块，详细的原因我在雪球社区写文章分析过。简单来说，通信电子产业是一个长期发展、规模长期增长的产业类别。目前恰逢5G通信建设期，5G带来的不仅仅是换新手机这么简单，而是会催生一系列的应用变革（例如V2X①、物联网、智慧城市），那么背后的产业链公司实际上是受益最大的。我们正处于一个“全球持续加深电子化”的过程，并且这个过程足够长，那么带来的结果是身边越来越多的设备电子化，具备更高的技术含量，有自主研发能力、有技术壁垒的厂商不断成长。

另一个我看好的板块是新能源汽车，这也是一个长期增长的赛道。在疫情之前，我国在产业结构升级、能源安全等多角度考虑之下，已在大力推动新能源汽车市场的发展。经过这次疫情，虽然短期内汽车销售量下跌，但许多人已经开始考虑日常出行更多地使用私家车，从而实现安全隔离。结合人均收入的提高和经济增长等因素，整个汽车行业的复苏是指日可待的。新能源汽车在各类政策的支持下，在消费端具有足够的性价比，生产端也在不断研发出更好的产品。因此，我认为疫情过后新能源汽车的销量会有所恢复。

传统汽车的竞争格局基本稳定，而新能源汽车领域仍然处于初期阶段，市场销售份额只有不到5%，并且由于国内蔚来、小鹏等车企具有更

① V2X（Vehicle to Everything），即车与外界的信息交换，是一种支撑未来智能交通运输系统的技术。

贴近市场、更了解消费者、不受传统观念束缚等诸多优势，产品与传统品牌的新能源汽车相比有明显的优势。反观传统品牌的新能源汽车，要么是“油改电”车型，要么是除了品牌价值之外没有太多亮点的平庸车型，实在令人着急。难道在汽车领域，诺基亚和柯达的历史会重演？

2019 年上半年，我把开了近 4 年的汽油车换成了新能源汽车，在小区没有专属充电桩的情况下，从宝马换成蔚来的这个行为，我身边的朋友都觉得非常不可思议，多数人无法理解。但我知道这并不是冲动消费，而是经过长时间思考做出的抉择，至少目前而言，我完全不后悔。当时有几个重要的考虑因素：一是我想亲自体验一下新能源汽车；二是确实被国产新势力车企无处不在的人文关怀感动；三是能大幅节省日常的用车费用。就换车之后的整体体验而言，我的结论是新能源汽车市场是存在真实的巨大空间的，只是现阶段面临的问题也很多（例如动力电池能量密度不高、成本高、自动驾驶不完善等），不过行业的进步速度真的非常快，我相信目前的许多问题，也许在 3 ~ 5 年后就不是问题了。

其实，任何一个新兴行业的进步过程，必然是“困难与发展”共同存在的。也就是说，如果等到某个行业完全成熟，那么这个行业已经失去魅力（结束高速成长阶段）了。我们唯一能确定的是，新能源相关的行业会不断地发展，智能新能源汽车会不断替换燃油动力车，就像智能手机不断替换功能机一样。当然，我们不能盲目买入相关的公司，实际买入时仍然要考虑其在产业链中的话语权、公司自身的业务和财务情况、目前估值情况等多种因素。

做多中国，是每个投资者最幸运的机遇

这次新冠肺炎疫情给市场带来的波动很大，我们更应该平衡好生活与投资的关系。其实投资过程中最经常遇到的矛盾就是现金流的矛盾，即生活与投资的矛盾：恰好生活上需要用钱（例如买车、旅游），但如果此时市场行情比较消极，那么投资者内心通常不太愿意卖出证券来获得现金。因此，“股 + 债” 的结合是我接下来证券投资的学习方向。

经过这次疫情，我们已经能很明显地看到中国在世界范围的影响力和竞争力逐渐增强。结合多种因素判断，我认为未来数十年，中国会一如既往地保持目前的发展趋势。也许我们现在的每一位投资者，其实都持有巴菲特常说的“卵巢彩票”①。做多中国，是我们每个投资者最幸运的机遇。

---

① 卵巢彩票：即“还在卵巢里就中了彩票”，原指有的人一出生就有优越的家庭环境（意同含着金汤匙出生），此处引申为投资者拥有好的投资大环境。

人到中年，是什么给了我辞职的勇气

| 认真的天马 |

编者语： 人到中年，常常听到一个词语：中年危机，它指的是在中年这个人生阶段可能经历的事业、健康、家庭婚姻等各种关卡和危机。投资同样也有“中年危机”，不过更多指的是经过一段时间的理论和实践的摸索，觉得自己在投资中需要更进一步、不进则退的那个阶段。

@认真的天马之前在一家A股上市公司做产品经理，不久前辞职，开始专职投资、写作，成为一名“坐家”。不少人可能不太理解，好好的工作，为什么要辞职呢？辞职之后靠什么生活呢？读完本文，你可能就会明白。

“第一桶金”

与很多“球友”不同，我的“第一桶金”是在初中的时候赚到的。初一时，学校里上电脑课，那时候的计算机教室还是很神圣的地方，不能随便进入，脚上要套个塑料袋才行。学校不提供塑料袋，很多忘了带塑料袋的同学只能去学校里面唯一的小卖铺里买。小卖铺卖得很贵，两个塑料袋1元钱，还要抢购。

有一天我在家楼下的食杂店帮我妈买醋，顺嘴问店老板：“塑料袋多少钱一个?”店老板说：“这东西哪有按个卖的啊，都是按卷卖的，10 块钱一卷，200 个。”我当场愣住，合计才 5 分钱一个啊！学校小卖铺卖 5 角一个，也太黑了。第二天就有电脑课，我想试一试。

我拿出一个月的零花钱——10 元钱，买了一整卷塑料袋，200 个。第二天，临上电脑课时，一大堆同学又忘了带塑料袋。我掏出塑料袋大喊：“4 毛钱两个，要买的来找我。”居然不一会儿就卖掉了 40 个塑料袋。塑料袋成本 5 分钱一个，售价 2 角一个，单个塑料袋赚 0. 15 元，首笔出货量 40 个，赚了 6 元！这是我人生中赚的第一笔钱。对一个只知道看书、做题的书呆子来说，我第一次体会到，原来赚钱是这么开心的一件事。

后续我还将这项业务优化，从现货销售改成预售，交 2 元，可以预定未来 5 节课的塑料袋。此外，我还把业务拓展到了隔壁班。这项业务做了大半年，我赚了 400 多元。这 400 多元就是我赚的“第一桶金”。从金额上看，400 元没什么意义；但从理念上看，这笔钱对我的影响是巨大的。我的投资模式在那个时候就确定了——低风险投资。

知道什么时候买、什么时候卖，知道成本、未来的售价，知道成本与售价间的空间很大。一切都很清晰，不需要靠赌博。

大学时的尴尬

高考填报志愿的时候，可能是源于我之前卖塑料袋的成功经验，我选择了一所财经院校。原以为学校里面的老师都是很厉害的，没想到投资学的第一堂课，老师讲的内容就让我大失所望。

我到今天都还清楚地记得那个老师讲的内容，他说："世界首富是巴菲特，他用的方法叫价值投资。价值投资就是买便宜的股票，但是那些便宜的股票只在十几年前有，现在已经没有了，所以价值投资已经没法用了。现在股票没有什么好机会，如果大家对投资感兴趣，可以研究一下黄金。"然后他讲了一下如何通过这线那线、这叉那叉来分析金价走势。

老师讲的东西我实在是不想听，于是我开始自己研究，想根据消息面做些投资。比方说，我发现最近油价跌了，石油是航空公司的成本支出，油价跌了，对航空公司应该是利好。于是我上网买入南方航空的股票（因为从老家上大学，就是乘坐南航的飞机）。没想到，油价跌，南航的股票有时候也跟着跌；有时候油价涨了，南航也涨。涨跌完全是随机的。

那个学期，我对股票和投资失去了兴趣。在我那个时候的认知中，这些东西都是用来赌博的道具，要远离。

2014 年，《聪明的投资者》

此时我已经工作了几年，工作一直很忙，也就没想起投资的事来。国庆放假，我打算回家看望父母，要坐火车。我一直有看书的习惯，想选几本书在火车上看。选什么书呢？阴差阳错，我突然想到巴菲特是世界首富，他推荐的书应该是好书吧？于是我上网搜索了一下"巴菲特推荐的书单"。

这一次搜索，彻底改变了我的人生。屏幕上显示了一个书单，书单上第一本书的名字叫《聪明的投资者》，作者是本杰明·格雷厄姆。

如果没有这次搜索，现在我应该还是一个职场人，做着一份擅长但是并不喜欢的工作。而命运就是这样有趣，安排我在那个特定的时间，检索了一个特定的词条，知道了这本特定的书。在火车上，我一点一点“咀嚼”着《聪明的投资者》的理念：投资与投机是不同的；股票的价格与价值是不同的；市场先生是神经病，要利用市场先生，而不是被他利用；投资要有安全边际……我如痴如醉地看着。在火车上还发生了另外一件有趣的事，旁边卧铺厢的一个姑娘看到我在看《聪明的投资者》，好心告诉我：你若喜欢投资，可以到雪球上看看。于是我知道了雪球这个社区，在这个社区一“滚”就是 7 年。

那时候我登录雪球，满屏幕都在讨论创业板和银行股哪个更值得买入。有几位大 V，力挺创业板；也有几位银行股的“死忠粉”，力挺银行。基于当时我对投资的理解，我选择了招商银行。一个原因是招行的市盈率和平均市净率都很低，符合格雷厄姆阐述的标准；另外一个原因是我的工资卡是招行的，每次去招行办业务感受都很好。

我很难想到，刚买完招行没多久，一场轰轰烈烈的大牛市就冲过来了。

2015 年，在疯狂的人群后面捡钱

2015 年的“疯牛”刷新了我对市场的认知。银行股在翻了一倍之后，就不怎么动了，仿佛整个牛市与它们无关。看着互联网、南北车，各种概念股涨上天，自己手里的银行股“波澜不惊”，心里还真有点不平衡。可是光生气没有用啊，好在市场还是给面子，“疯牛”的时候给了不少做分级基金溢价套利的机会。

再就是那时候的打新，上市 N 连板，赚得很爽；还有就是陆金所在做新开户的推广，有很多“羊毛”可以薅，年化收益率能达到 10%，我薅得不亦乐乎。看着身边的同事和亲戚全都变成了“股神”，只有我默默地站在后面，捡地上没人要的金币。

捡着捡着，股价大幅下跌了。可怜的银行股，牛市不跟涨，大幅下跌时一点也不少跌。眼看 2015 年上半年的利润快要跌没了，一个新的投资机会进入了我的视野——分级基金 A 类（以下简称“分级 A”）下折套利。当时市场上的分级基金 B 类（以下简称“分级 B”）份额处于高溢价状态，很多分级 A 打到了 7 折以下。随着市场快速下行，分级 B 跌到了下折线，分级 A 将以净值重新分派份数。

军工 A、医疗 A、互联网 A，这些分级 A 的下折套利，几天时间收益就能达到 20%，年化收益率都不知道该怎么算。那些天，每次市场大跌，我就大赚。中午吃饭时，同事问我：“今天大盘怎么样?”我说“大跌”，然后就开始狂笑。我周边的人一度觉得我亏疯了。

当市场趋于稳定之后，又出现了新的套利品种——分级基金折价合并套利。当时由于市场的恐慌情绪，分级基金的子份额合并后比母基金要便宜，印象中有大约 3% ~5% 的套利空间。上初一时卖塑料袋的经验派上了用场，我把资金分成 4 份，在场内以折价买入分级 A 和分级 B，合并之后按净值赎回卖出。4 天一个周期，平均每次赚 3% 左右。

买入、合并、赎回，买入、合并、赎回。我一轮又一轮地进行套利，最终在 2015 年以 38% 的收益率圆满收官。

2016 年，初入港股

2016 年，由于 A、H 股差价很大，基于捡便宜的思想，我开始转战港股。可能是“好学生”的心理作祟，我总觉得港股更成熟，做投资就应该去成熟的市场。加之格雷厄姆的方法中，有一项是买“廉价证券”，也就是买入那些市值远小于可清算净资产的公司的股票。这样的股票，在 A 股很难找到，而在港股却有很多。于是我跑到港股，开始翻“垃圾堆”，挨个找那些没人分析的“廉价证券”。

刚入港股市场时，我真的觉得过瘾。“破净”都是小意思，很多股票市值甚至低于账面净现金。3PE、4PE 的股票几乎是随便买，很多质量不错的股票，PE 也小于 10。川河集团、庄士中国、远东发展、兴达国际、阳光纸业……我每天在几十只股票上挂非常低的买入价，等“鱼”上钩。每次股价下跌，就会成交几只。

这一年我的运气还算不错，虽然年初回撤很大，但是后面还是涨了回来，最终赚了 23%。

2017 年，做投资不是奥林匹克

2017 年是我最痛苦的一年。这一年我继续投入了大量的时间来研究“廉价证券”公司的财报，琢磨要如何与这些人品有问题的管理层作斗争。但公司的质量并不因我个人的努力而改变，投入额外的精力并没有什么意义。

格雷厄姆喜欢买“廉价证券”，但他是通过控股公司，清算拿钱。我们这些小散户，就算买了“廉价证券”公司的股票又能怎样呢？我们能让公司清算吗？不能，我们连让这些公司把账上的现金给分红了都做不到。

另外，香港股市历史悠久，这些“廉价证券”之所以廉价，是它们有这样那样的问题。我持有30多只股票，一年内就踩到了两三个“雷”，苦不堪言。

相比我持有的这些廉价股，那些优秀的公司则涨幅巨大。贵州茅台翻倍，腾讯翻倍，格力电器、招商银行等涨了70%～80%。持有这些优秀的公司，不但股价涨得快，而且在持有过程中还可以学习到什么是优秀的企业、优秀的管理、优秀的品牌。而和我持有的那些廉价股在一起，只能学到什么是“老千”、什么是耍诈。

这一年我获得了20%的收益，勉强跟上了沪深300指数，是我最累的一年，身心俱疲。

2018年，第一次转变

经历了上一年的折磨，我终于可以理解为什么巴菲特说：“我从不试图去翻越7英尺高的跨栏，我只是专注寻找1英尺高的跨栏，然后很轻易地跨过去。”有那么多优秀公司的股价还“趴在地上”，我们为什么非要去翻“垃圾堆”呢？在成熟股市赚的钱是钱，在A股赚的钱就不是钱吗？

2018年，我趁着股市下跌，开始换入腾讯、招商银行、贵州茅台等优秀的公司，完成了我投资生涯中的一次重要转变。虽然我这一年最终收益率是－13.29%，但是理念上的成长是巨大的。我学会了放弃“与猪摔跤”，开始拥抱价格合理的伟大企业。

2019 年，找到新方向

这一年，我几乎没做什么动作，拿着招商银行、腾讯、贵州茅台的股票，偶尔看看财报。用的精力连 2017 年的十分之一都不到，收益率却有 40% 还多。这就是买优秀企业带来的好处，我们与它一起享受利润增长就行了，不需要担惊受怕。

原以为 2019 年就会这样过去，谁知道突发的一件事情再一次改变了我对投资的看法。下半年，一个同事请教我如何选股票。“好为人师”的我兴高采烈地把怎么做业务分析、财务分析、估值分析给他讲了一遍，一口气讲了两个多小时。

他很认真地听完后，神情茫然地看着我说：“没太懂，有没有简单点的方法?”这时我才明白，选股的门槛太高了。大家并没有时间和精力来学这一整套的东西，更为简单的指数基金可能是更适合大众的投资工具。

这几年我辛辛苦苦研究股票，运气也还算不错，算下来年化收益率也就是 20% 。但是指数基金投入的精力要少太多了，而年化收益率却能达到 10% ~15% ，明显性价比更高。于是我开始梳理指数基金的投资方法，希望可以打造一套大家学得会、搞得清楚背后逻辑的指数基金投资方法。

我在雪球的专栏——天马定投计划的早期文章，我的这位同事是第一个读者。当他表示“你写的东西，我能看懂，很好懂”时，我非常非常开心。原来教别人投资、帮别人赚到钱，是一件比自己投资赚到钱更有成就感的事情。

2020 年，我辞职了

我前前后后写了 100 多篇文章，所幸有不少读者捧场。有的读者是刚刚开始学投资，刚好看到了我的文章，很开心地学着；还有更多的读者，是炒股好多年，亏了不少的，在很无助的状态下看到了我的文章。

印象最深的是一位老大哥，他 50 多岁了，在一个三线城市做图书生意。他十几年前就开始炒股票、炒期货，一分钱没赚到，还亏了一百多万元。之前期货爆仓，他直接脑溢血，差点连命都丢了。后来他改为跟着一个微信群主炒基金，还是亏。

在交流中我发现，这些读者太需要正确的、稳健的投资知识了。就以这位老哥为例，年过半百，拼搏半生，正是应该把积蓄进行正确的资产配置、获取稳健复利收益的时候。可惜，他不但没有获取稳健的收益，反而因为投机，损失百万元，还差点丢了性命。钱没赚到，生活也搞得一团糟。

投资，本应该是为生活服务的，但在现实生活中，很多人的生活被投机操控了。国内的投资者需要稳健的投资知识，然而这样的知识并不好找。愿意教别人稳健投资知识的人，也并不多见。

比如，很多投资者在股市跌的时候拿不住股票，这完全可以通过股债平衡组合来解决。沪深 300 指数搭配债券基金的组合，这种在《聪明的投资者》中格雷厄姆强烈推荐的简单、易理解的组合，竟然鲜少看见网络大 V 给读者推荐。市场上有太多所谓的教人暴富的“秘籍”，还有一些无比复杂的组合，没人想要教别人慢慢成长。

虚荣心作祟，我想做点事情，我想把我学会的稳健投资知识写给需要这些知识的人。他们是一群善于独立思考的人，希望通过资产的持续复利实现稳健的增值；他们是对家庭有责任心的人，是热爱学习的人。为这样一群人写优质的内容，应该也是一件很有成就感的事情。

但是写文章和回答读者问题非常花费精力，无法与工作同时进行。我是一个单线程思考的人，没办法前一分钟解答读者问题，后一分钟做公司的工作。好在我已经有了一些积蓄和被动收入，加之生活比较简朴，权宜再三，我决定辞职。

辞职这件事，我考虑了很久。我一毕业就在一家 IT 行业的 A 股上市公司做产品经理。我们公司属于真正做实事的公司，我很钦佩公司老板的情怀和拼搏精神。因为老板是工作狂，所以带着全公司的人一起当工作狂。特别是我所处的部门，更是“忙到飞起”。虽然很忙，但说实话，工作起来还是挺开心的。公司管理垂直，人员关系简单，没有钩心斗角。全部门的人奔着同一个目标努力，利润连续多年实现超高幅度增长，很有成就感。我就这么忙并快乐着好几年。

直到我开始写文章，我发现我的精力不够用了。我每天 6 点起床码字，8 点写完发文。简单点的文章还搞得定，一旦涉及需要深入分析的文章，时间就不够用。比如一篇基金分析，我很久之前就写完了一半内容，剩下一半根本没时间写。我思考了很久，工作和写文章，这两件事我只有选一件专心去做，才有可能做好。

就在我犹豫不定的时候，一位读者给我留言，说她可转债中签刚卖掉，入市两年多，终于在股市里赚到一次钱了，很感谢我……我由此下定决心，要把文章坚持写下去。不为别的，就是想让我的读者投资时能够安稳赚到钱。这件事，值得我拼尽全力去做。

当我和领导提出离职的时候，领导很诧异。领导说：“部门发展这么好，今年又是这么一个经济形势，你这是何苦啊？”

但是我认为，既然我写的东西对大家有用，而我又喜欢做这件事，为什么不专心把这件事做好呢？人生短短几十年，发现自己想做的事情，就应该尽全力去做。

辞职后，我把家搬到了海南，面朝大海，春暖花开。

最后，给各位读者三点建议吧：

第一，投资是为生活服务的，不会影响你心情的投资才是好投资。

第二，目标不要设太高，10%左右的年化收益率是A股能给的，知足常乐。

第三，投资要先学会不亏，再学会赚钱；不亏的要义就四个字：不懂不碰。

以上是我与投资的故事，缘分因它而起，人生因它而变。

感谢格雷厄姆，给我以知识；感谢我的读者，给我以肯定；感谢雪球，让我认识大家。

耐心，是投资的最大美德

| 蜡笔大新之投资 14 年 |

编者语：@蜡笔大新之投资 14 年是一位有法律专业背景的资深投资者，自 2007 年入市以来一直走在价值投资的道路上。他以极致的股权思维和极端理性的思考方式投资二级市场，是一位能深刻认识二级市场、洞察企业逻辑、理性看待估值的成熟投资者。经过 14 年的实战检验，他获得了很好的投资回报。

我与股市的不解之缘

我是一个“70 后”公职人员，2007 年初入市以来就在价值投资的道路上前行，对于投资的理解也在不断精进中。通过雪球社区，我结识了许多志同道合的优秀投资者，丰富了自己工作之外的生活，也取得了丰厚的投资回报。展望未来，在做好自己本职工作的基础上，股权投资将成为我人生的第二条增长曲线。

首先我想厘清一个认识，那就是公职人员能否于二级市场投资。请注意我说的是“于二级市场投资”，而不是一般观念上的“炒股”，因为我从来不认为自己是个炒股者。我从骨子里很排斥这个词，也从不将自己定位成股民。至于为什么我会坚持如此，相信看完本文你会理解的。

微信公众号“中央纪委国家监委网站”于 2019 年 6 月 24 日发文《“股事”有风险，小心被“套牢”！给党员干部一份良心提醒》。这篇文章首先明确表达了“证券市场是我国社会主义市场经济体系的重要组成部分，党政机关工作人员将其合法财产以合法的方式投资于证券市场，是对国家建设的支持。党员干部可以从事正当的证券交易活动，但是不能违反有关规定”。所以公职人员投资二级市场不但不违规，反而是被鼓励的，但是需要注意以下几条红线不能触碰：

（1）收送有价证券、股权；（2）违规拥有非上市公司股份；（3）违规在国外投资入股；（4）内幕交易或者泄露内幕信息；（5）公款或者违规借用资金炒股；（6）隐瞒个人持股情况；（7）特定人群买卖股票。

当然除了上述禁止性规定外，公职人员也不能在单位“盯盘”炒股占用工作时间。而作为价值投资者一般属于长期持有，不频繁交易，也没有必要每天盯股票软件，所以是不会占用工作时间的。

作为一个天生好奇心比较重的人，我对许多未知的领域始终有一种探寻究竟的冲动。记得在 2000 年左右，我怀着一颗好奇的心进入了证券营业部。当时营业部里人很多、很嘈杂。我想去问问怎么炒股，但那里的业务员可能是太忙了，没有认真地解答。我感觉他是在敷衍我，觉得无趣就离开了。那是我第一次与股市接触，算是擦肩而过。

第二次接触股市是在 2007 年初，我开户的日期是 2007 年 2 月 12 日，促使我去开户的原因是当时股市大幅上涨带来的赚钱效应。我记得当年在一次饭局中，在场有一个五六十岁的朋友，他说自己除了个体经营之外还炒股。我好奇地向他询问，炒股到底是怎么回事。他当时很形象地给我举了个例子：比如有一个电厂，需要扩大规模，想要另外再建一个电厂，但自己没有那么多钱，于是就通过发行股票来筹措资金。投资者花钱入股买的就是股票。虽然当时我听得也是一头雾水，但现在回想起来，他讲的还是很准确的，应该不是一般的股民。当时他还提到了贵州茅台，记得他说贵州茅台股价一路上涨，涨到 60 元不敢买，后来涨到了 90 元就更不敢买了（后来我查了一下，从 2006 年 6 月开始，贵州茅台股价有一波主升浪，从 40 元一直涨到 2008 年 1 月的 230 元）。这是我第一次听到有人提到茅台股票，给我留下了深刻的印象。

现在回想我两次去营业部的经历，都是股市经过一段时间的上涨、赚钱效应明显增强的时候，所以当时的我正是典型的因为股市上涨而“跑步入场”的“韭菜”型选手，几乎什么都不懂就撞进了二级市场。

开户后的 2 月 26 日（那是春节后的第一个交易日），我买入了人生中第一只股票——中国银行，后来又陆陆续续买入中国石化、上海机场、云南白药、万科、燕京啤酒、五粮液等一大堆股票，每只都是一二百股左右，仓位也越来越多。现在回想起来，当时我对股市的理解是非常肤浅的，也不懂估值，更没有实业思维。买入的股票都是电视或者网络的财经栏目所推荐的，对于高估值股价泡沫没有任何警惕之心。幸运的是，2008 年 4 月我因为要投资一套房产，把所有的股票都清了，从而躲过了上证指数从 6124 点到 1664 点史诗般的大跌。

房子的首付凑齐后，2008 年 5 月 23 日我又从零开始，用自己的工资收入买入股票。那时候我基本上是每个月定投一次，买入五粮液、上海机场、招商银行等标的，一点一点地加仓，只买不卖。2008 年 12 月 24 日，对我来说这是一个重要的日子，那天我买了第一手贵州茅台，买入价是

110.99 元①，从此定投贵州茅台就成了我每个月发工资后的一个固定动作。但是因为贵州茅台当时的股价是 100 多元，我每个月能拿出来用于投资的闲钱不够买一手贵州茅台，所以我就采用先卖掉几十股、加上投入的工资再买 100 股的方式。虽然这样手续费挺高，但只有用这种方法我才能够持续增持贵州茅台。我买贵州茅台不择时、不看大盘、不看行情，准备好足够的资金后直接用电话委托，当时电话里报的是什么价格，我就在那个价格的基础上再加一角、两角，以保证能够买到。

这中间有一个小插曲，有一次我突然发现券商的软件不支持卖出少于一手的茅台，这会直接影响我每月的定投模式。我马上就拨打了券商客服电话，客服解释了半天也没有说出准确的依据。出于我的法律职业背景，在打电话前我认真搜集了各种法规文件，确定他们是对文件理解有误。客服后来把我的问题反映到公司总部，一两天后我接到了证券公司总部技术部门的电话，又过了几天交易软件就恢复了以前的模式，我又可以按照我的模式继续买入贵州茅台了。

2015 年 8 月，我闺女满 18 周岁了，并且高考成绩也不错，作为生日礼物我给她开了个股票账户，并送给她 100 股贵州茅台。当时股价是 200 多元，经过这几年的现金分红，成本已经降到了 173 元。这之后，每年的压岁钱她都会交给我一部分，我都给她买成股票存在她的账户里。她乐于这样，我也把这当成培养她投资意识的一个方式，同时希望在她将来结婚时，能交给她一笔不菲的资产。

应该说截至目前，给我带来回报最大的就是贵州茅台。我总结有三点原因：一是持有时间长，从买入第一手贵州茅台到现在已经 12 年了；二是我

① 时价未复权，如果按前复权计算目前成本应该是负数了。

的选择非常正确，我投资了中国上市公司中的一颗皇冠上的明珠；三是我采取了定投的方式持续买入这家公司的股权，因此平均下来是一个合理的买入价格。

我的价值投资之路

我从入市开始就走上了价值投资之路，那时我还不满 40 岁。虽然许多人都说 40 岁前无价值投资，但我确实做到了。对我的投资之路影响较大的有三位，其中张昕帆的影响最大。2007 年他在央视财经频道做过一个系列讲座《理财教室》，我每期不落。从他的讲座里我系统地接受了纯正的价值投资理念，知道了“股神”巴菲特。

另一个对我影响很大的人是林园。2007 年左右央视对他进行采访，当记者问他对贵州茅台股价的看法时，他一脸茫然地回答“不知道”，接着记者又问他为什么看好贵州茅台，这时他眼睛一亮，神采飞扬地说，“毛利率高呀，90% 多，这就是个赚钱的机器”。“赚钱机器”，这是我第一次听到这个词。林园用这个非常浅显的比喻，深刻地揭示了贵州茅台的根本逻辑，也让我有了更深刻的认识。

第三个对我影响较大的人是董宝珍。六七年前当贵州茅台遭遇塑化剂风波、国家强力反腐打击公务消费，导致其股价大幅下跌时，董宝珍在逆境中的坚持以及对贵州茅台的实地调研得来的珍贵资料，都给了我很强的信心。即使后来董宝珍因输掉贵州茅台市值的赌局而甘心去“裸奔”，也没有动摇我持股的信心。我反而随着贵州茅台股价的一路下跌，持续地买入。除了董宝珍当时给了我信心之外，我也有自己的判断。我认为贵州茅台是供不应求的，即使三公消费被压制，也无非是供不应求的缺口变小了而已。虽然缺口小了，但仍属于供不应求的状态。对于一个产品供不应求的公司，又有什么理由可担心呢？所以那段时间我仍然坚定地定投贵州茅台，越跌越买，从200多元一直买到了100多元（未复权）。后来在2017年，随着贵州茅台的估值修复，董宝珍一战成名，而我的持仓也迎来了市值的大幅攀升。董宝珍后来卖掉贵州茅台转投银行，而我却持有至今。

其实回想起来，我早年间对股市的认知水平与现在相比还是有很大差距的，当时我对公司的选择主要是看基本财务数据，从现金分红多少、毛利率高不高、产品是否好卖、“护城河”深不深、主营业务是否突出、公司是不是轻资产公司、产品能否在日常生活中见到等方面去考虑，并没有深入研究。对财务报告、招股说明书从来没仔细看过。我仅凭最简单的判断，贵州茅台就成了我最喜爱的公司。

我并不是一个集中投资者，我认为人的认知是有盲区的，对再好的公司也达不到100%的确定性。我们经常谈论的“确定性”其实换成“大概率确定”更为严谨。所以我分散持有几个行业的优秀龙头公司，在享受投资回报的同时也避免了小概率“踩雷”的风险。

目前我主要持有高端白酒、互联网平台、保险、房地产、银行五个行业中最优秀的公司，下面我分别谈谈这些公司。

白酒双骄：贵州茅台、五粮液。贵州茅台是众多价值投资者绕不过去的公司，已经有很多价投前辈对贵州茅台做了种种深刻的分析，我实在说不出什么更新鲜的东西，再说也是重复。贵州茅台过去是中国资本市场的一个奇迹，未来仍会继续演绎精彩。

而我对贵州茅台的一个最新认知，就是它的渠道利润虽然一直为市场所诟病，但从另外一个角度看，渠道的巨大利润空间也为贵州茅台提供了一个厚厚的“安全垫”。即使白酒行业发生系统性风险，贵州茅台依然可以通过挤压渠道利润做到高枕无忧。而五粮液，作为除茅台之外的第二高端品牌，在老百姓心中的地位也是无可撼动的。由于茅台终端价达 2000 元以上，五粮液就赢得了一个很大的空间，在 1000 ~ 2000 元的价格地带尚无任何有效品牌对五粮液产生威胁。

许多人认为茅台目前成为第一是阶段性的，未来不一定保持第一，我并不认同这个观点。这些人常常拿汾酒在 20 世纪 90 年代的辉煌、五粮液在 21 世纪初的霸气来说明那时候的茅台是落后的，但是这种说法是仅从销售规模的角度来讲的。茅台作为高端白酒品牌，在国人心目中的地位自新中国成立以来一直就是第一位的。20 世纪 80 年代我还是个少年的时候，茅台就给我留下了最为神秘的印象。从成人的言谈中我能看出茅台带给人们的是一种膜拜、一种图腾式的情感。

许多人想追逐成长股、挖掘第二个茅台，然而我认为目前的茅台、五粮液就是奔跑中的少年，它们仍然在茁壮成长，提价、销量双轮驱动还远未到达终点。它们的路很长，雪也很厚。

保险旗舰：中国平安。保险行业未来的空间很大，中国平安已经通过出色的历史业绩证明了自己是保险行业里最优秀的公司。作为价值投资的标杆性公司，雪球社区中很多资深投资者对平安进行了深入分析。经过 2017 年的初始买入与最近的融资加仓，中国平安已成为我的第二重仓股。

互联网战车：腾讯控股。这是一个令人心潮澎湃的伟大公司。我看过《腾讯传》，十分惊叹腾讯 20 年来的发展之路。我把腾讯比作一辆无坚不摧的“超级战车”，它拥有超级强大的“护城河”以及游戏、电商、广告、支付、云服务、投资等巨大的发展空间。新冠肺炎疫情期间，我观察到腾讯的触角已经从人与人的链接延展到企业、行政机关，无处不在的微信、小程序就像阳光、空气和水一样成了经济与生活的必需品。

但是腾讯一直以来静态估值并不便宜，我也很难对腾讯进行精准的估值，所以我采取定投的方式买入，只要有了足够买一手的闲钱，就立即买入。这样拉长时间平均下来会是一个比较合理的价格，基本上会和它的业绩增长保持一致。这必将是一笔出色的投资，目前我对腾讯的定投与我十多年前开启对茅台的定投如出一辙。

房地产三杰：万科、保利地产、融创中国。2019 年我做了一个重大决定，那就是清仓了确定性不高的翰宇药业、亨通光电、中国巨石、巨星科技、金禾实业，换成了万科和保利，2020 年我又买入了融创。被清掉的五个公司超出了我的认知范围，这些公司的基本面一旦有风吹草动，或者股价大幅度下跌，带给我的不是安宁，因此我做不到越跌越买、坚定持有。

对于房地产行业，我认为随着宏观调控、融资端收紧，行业集中度会不断提升。我相信龙头房地产公司未来仍然会保持高速增长，而与之相背离的是它们的估值却如此低廉。我认为耐心持有会得到丰厚的回报。

我很喜欢提供的产品或者服务不会发生变化的公司，比如白酒和中药，千百年来就是这个产品，不会被新生事物替代。而房地产公司的产品——房子，也属于这类，一直就是以土地上的空间和钢筋混凝土为原材料做成的产品，其变化无非是面积从小到大、结构更加合理，并不需要投入研发费用，我也很难想象未来我们的房子会被什么新的科技产品颠覆。而随着中国的日益强大，国民收入会逐渐增加，优美的居住环境、宽敞舒适的房子就是人民对美好生活的最大向往，改善住房必将成为未来的长期需求，这是支撑房地产行业的不竭动力，因此房地产也属于基业长青的行业。

银行双璧：招商银行、平安银行。平安银行我已经持有近 3 年了，招商银行则是在 2019 年 11 月买入。银行从逻辑上讲是一门简单的生意，但其财报是一门难懂的课题。我了解的仅是银行的稳健、低估以及业绩的复苏，雪球社区中许多知名投资人对银行的分享让我坚定了持股的信心。

平安银行“背靠大树好乘凉”，而招行有着出色的历史业绩、优秀的管理层和健康的财务数据，较低的估值叠加两位数的增长，怎么考虑这也是一笔出色的投资。

满仓穿越牛熊的投资心得

作为一个业余投资者，十多年来能在股市取得不错的成绩，主要是因为我刚进股市就接受了价值投资的理念，并能深刻理解且一路坚持至今。对于技术分析的一窍不通也让我排除了股价涨跌的干扰，专注于公司的基本面。这么多年来，只要没有特殊情况（比如买房等），我一有闲钱就扔进股市，形成了只买不卖、不择时、不判断走势行情、满仓穿越牛熊的投资风格。我总结出如下投资心得与朋友们分享：

第一，要有极致的股权思维。股票代表一种权益，每股股票都代表股东对企业拥有一个基本单位的所有权，所以我们买入了任何一家公司的股票就意味着成了这家公司的股东。因此价值投资者不应把股票作为炒作的筹码，不应只想着赚取股价波动的差价，而应该希望管理层把公司做得越来越大、业绩越来越高，那样我们的股权价值（股价）也必然随之增加。贵州茅台 2009 年净利润为 43 亿元，而 2019 年净利润则有 400 多亿元；中国平安 2009 年净利润为 138. 9 亿元，而 2019 年净利润则有 1494 亿元。现在的茅台和平安已不再是 2010 年的茅台、平安了，它们赚钱的能力可能已经是十年前的十倍了。所以价值投资者认定的是股价会随着公司的成长而不断上升，只要估值不出现严重泡沫、公司基本面没有被破坏，就始终做它的股东，伴随企业一同成长。

我经常调侃投资实业的朋友们："别以为你当个大老板了不起啊，其实我才是真正的大老板，我是中国最优秀的那些上市公司的老板。我因在二级市场上买股票而成为该公司的老板，而这些公司比你们的公司要好百倍!"

第二，要正确而深刻地理解估值。投资股市的大逻辑其实跟自己开公司做实业是一样的，那就是你投入的资金未来会得到回报。"投入"就是你买入股票时所付出的成本，而"回报"则等于"持有过程中获得的现金分红 + 卖出股票时的股权价格"。所以买入时的价格很重要，而判断企业未来是否增长更为重要，因此估值就构成了投资的核心。当然大家要注意，我所理解的估值更多是基于买入的角度，因为我是一个净买入者、一个股权收集者。

我买入以万科为代表的房地产股和中国平安，很大程度上就是基于估值的考量。万科 2019 年净利润 388.72 亿元，贵州茅台 2018 年净利润 352.04 亿元，而茅台的市值是 1.5 万亿元，万科的市值是 3000 多亿元。相差不多的净利润，买万科却比买茅台付出的代价更小，所以我选择增持万科并继续持有茅台。与茅台市值相差不大的中国平安市值目前是 1.3 万亿元，但平安 2019 年有 1494 亿元的净利润，比茅台的净利润高出很多，未来几年平安大概率仍可保持两位数的增长。付出几乎同样的成本，却可以收获更多的净利润，作为股东我又何乐不为呢?①

准确估值是个世界级难题，当市场先生不理性的时候，30 倍市盈率可能会跌到 15 倍，15 倍会跌到 10 倍，10 倍可能会跌到 5 倍。估值是一门艺

① 本文成文于 2020 年 4 月 16 日，本段论述中的数据是基于当时的情况。

术，没有绝对精准的答案。估值不能刻舟求剑，我们只有静态看市盈率、动态看业绩增速，才可以判断出一个大致的低估或者合理的估值区域。就连巴菲特老先生对估值都没有一个精确的模型，我们又如何能找到一个准确的答案呢？

我对所有的企业都用一根标尺去衡量，从不天真地认为某个行业天然应该高估，而另一个行业必定应该低估。要知道目前市盈率为个位数的房地产、银行、保险行业，曾几何时也到过上百倍、几十倍。中国平安上市十多年来，业绩增长惊人，但如果你不幸在2007年以上百倍市盈率的价格买入，持有到现在，也是非常平庸的收益。所以我对几十倍、上百倍市盈率的公司向来是敬而远之。

第三，耐心是投资的最大美德。每一个成功的投资者都有一颗淡定并强大的心脏，他们看淡股价波动、专注公司价值，找到优秀公司之后“任凭风吹雨打，我自岿然不动”，孤独地伴随公司茁壮成长。为什么成功的投资人都有超级稳定的心态呢？其实是来源于确定性，来源于对公司的信心、对公司的认知。一个拥有强大“护城河”并经过时间检验的优秀公司，未来的业绩大概率会一直增长，也就是说公司的内在价值会不断攀升，所以股价短时间的下跌甚至腰斩也不会影响公司的基本面。既然公司的内在价值并没有随着股价的下跌而下跌，而卖掉股票就等于我在这些优秀公司的股权比例下降或者消失，那么我有什么理由卖掉股份呢？

第四，明确为什么投资需要满仓。这需要从两个角度来考虑，一是从股价的角度，这个比较好理解。例如，10万元以每年30%增长，50年后是497.9292亿元。注意单位是亿元，将近500亿元，这个数字是真实的，并没有一丝半点夸张。在这个计算过程中，每一年的30%都是以前一年的资产总数为基数计算的。因此我们投资股票想产生复利的惊人效果，前提一定是始终满仓。二是从股权思维的角度。对于一家非常优秀的上市公司，我肯定想拥有更多的股份。因为股票就是权益，拥有更多的股票就是拥有更多的权益，所以从收集更多股份数量的角度出发，我会永远保持满仓。

而进行仓位管理、控制回撤往往是个伪命题。从“后视镜角度”来看、从理论上讲是正确的，但实践中类似于赌博，可能偶尔做对了几次，但长期来看大概率不是一件正确的事。站在今天的角度，你判断一下明天是涨还是跌？未来的趋势是向上还是向下？你的预测有多大概率是正确的？而卖掉股票往往最终会演变成追高买入或者丧失优秀公司的股权，许多知名投资人都犯过类似的错误。

写在最后

投资不是一件简单的事情，投资是认知的变现，没有一定的认知高度，仅靠“抄作业”很难取得成功。十几年来投资已经成为我工作之余最重要的事情，经过大量的阅读、钻研、学习、思考、交流和实践，固有的投资理念已经真正进入了我的大脑并形成了一种根深蒂固的思维方式。我记得早年间我曾经很痴迷阅读有关投资的知识，甚至有一段时间每天早上在上班之前都要先跑进书房打开电脑，浏览投资文章以及优秀投资者的博客。说来惭愧，我并没有读过任何一本经典的投资书籍，我投资理念的形成基本是来源于“二手”信息。为了弥补这个缺憾，我已经开始买入经典书籍进行阅读，《穷查理宝典》是第一本。

价值投资者是乐观的，因为他们对未来满怀憧憬；

价值投资者是健康的，因为他们面对波澜内心平静；

价值投资者是坚韧的，因为他们早已磨炼出一颗强大的心脏；

价值投资者是幸福的，因为他们行走在一条洒满阳光的大路上。

我相信绝大多数投资者都有自己的职业，而在我们的职业之外，价值投资给我们提供了另外一条充满希望和激情的增长曲线。我们相信逻辑、相信复利、持续满仓、不断投入，展现在我们面前的，必将是一个鲜花灿烂、生机勃勃的美好未来。

感谢雪球这个平台，更感恩伟大的改革开放成就了祖国的蒸蒸日上；感谢市场经济、法治社会，让各类市场主体有着公平的竞争环境。我也寄语所有的投资者朋友：我们必将受益于这个伟大的时代，我们更会无愧于这个伟大的时代！

运气也是投资的核心竞争力

| 谦和屋 |

编者语：@谦和屋是长沙第一批房产中介从业者，他在工作1年后选择和小伙伴一起创业。创业8年后，他转型职业投资人。他是如何在6年时间内从一个投资经验为零的人，走上职业投资道路的？难道真的只是靠运气吗？他有个很重要的观点：投资主要靠运气。但运气不是最重要的，后天才是关键。

《富爸爸，穷爸爸》中的故事，在我身上发生了

我的个人经历极为简单。2002年我进入大学，大二就开始琢磨做生意，和大学同学、最好的兄弟一起创业。直到今天，我们还在一起。从我们还是小孩的年纪，到我们都有自己的小孩。时光荏苒，岁月如歌。一晃，接近20年的青春过去了。

2003年创业初始，我的人生就有了转折性的变化。直至今日，我还时常在感叹，人生的转折点比起跑点更重要。

那一年，我们认识了一个重要的人。我们的创业项目就是在步行街开了一家小店，然后进货去卖。可能是因为年轻人比较喜欢琢磨，我们的货

卖得挺好。进货厂家的厂长看财报的时候发现，我们比排名第二的店，每天的营业额都超出好几倍。他觉得非常好奇，想见见我们，看我们是怎么做到的。于是，他就从美国飞到了我们这个二线小城市。见面之后，我们聊得特别投缘。然后，我们就把小店关掉了，跟着他去了北京和天津，实打实地干了一年半。这是我人生最重要的经历之一。

就仿佛《富爸爸，穷爸爸》这本书中的内容，在我身上神奇地发生了。认识这位“富爸爸”（准确地说，应该是富大哥，他大我 24 岁）之前，我的人生从来是好好学习、好好工作。然而“富爸爸”教我规划的人生，却完全不是这样的。他是中国台湾人，父辈创业做了一家很大的物流公司，然后他接班并继续发展这家公司，直至今日。他教会了我怎么看待财富与财务，我的投资启蒙由此开始。这些知识对当年不到 20 岁的我来说，是颠覆性的。我从来没有接受过这么大的思维上的冲击。

然而紧接着，现实就教育了我们一把，我们在天津并没有创业成功，后来只能回到家乡。但是，那一年半中我们每天待在一起交流的日子，在往后的时光中不断滋养着我。那真是零距离、手把手、心贴心一点点地教，一点点地学啊！时至今日我仍然在感叹，人生啊，有贵人相助真的很重要。

我在天津见识了一家公司短时间内的崛起，那是一家叫顺驰的公司，做二手房中介生意。再后来，公司的创始人孙宏斌先生创立了融创中国，这是后话。我本人对房子有着异乎寻常的喜爱，见识了顺驰的崛起，回到家乡之后，适逢商品房开始进入老百姓的生活，我就立马找了一家房产中介开始了实践。我是第一批员工，在房产领域，我做足了一年半。可以说，我投资的初级阶段，就是在那个时候进行的。那时候买房卖房没有任何限制，我一年可以交易十多套房子，周转非常快。每天去看房，每天去卖房，忙得不亦乐乎。这段日子，我虽辛苦但有收获。

直到 2006 年，我们大学的三个小伙伴重新集结，又开始创业了。这一次，也许是运气使然，我们没有失败。后来，我们的公司被一家上市公司相中，他们收购了我们的部分股份，从而让我们有了一个更大的平台。而这家上市公司的董事长，应该可以说是我事业的第二个贵人。我们合作了好几年，那也是手把手教、一点点学，他教会了我更多关于投资的知识。我至今仍记得他告诉我的：有三个市场要牢牢把握，第一个是产品市场，第二个是资本市场，第三个是汇率市场。我也亲眼见到他在人民币升值的时候，是如何利用汇率使自己的财富增值的。他还教会了我很多为人处世的哲学，这让我受用无穷。

就这样，时间一晃，就到了 2014 年。我们继续运营公司，做自己的事业。可是，越到后面，我越觉得自己不太适合管理一家人数众多的公司。每天忙得跟一个陀螺一样，不停地工作，开会从早到晚，开得精神都虚了。这样的节奏，我很难保持较长时间的良好状态。而在个人资产管理方面，我们之前都是赚钱之后就买房，可是到后来，房子打理起来比较麻烦，就只能把钱存到银行买点理财产品。

我掐指一算，这不行啊！考虑通货膨胀，我要亏不少钱啊！于是，2014 年我正式向好兄弟们提出，退出现有职位，全权委托给他们处理。而我走上了全职投资理财之路，这一上路，就走了 7 个年头。开始全职投资之后，所有的经历我都在雪球社区中“直播”了。这场“直播”，靠文字和图片播了 7 年。

寻找“戴维斯双击”

回顾入市这些年，我的第一桶金不是在股市赚的，我自己没有在股市赚取第一桶金的能力。我在写“长寿投资者系列”的时候，写过一个公式：赚钱总数 = 本金 × 投资收益率 × 投资年限。在我心目中，本金的多寡，其实是非常重要的因素；投资年限第二重要；而投资收益率应该排在最后。

这些年我看了很多投资大师的书籍。有两位投资大师对我的选股思路有转折性的影响。第一位是“戴维斯王朝”的戴维斯老爷爷，第二位是“神奇公式”的发明者乔尔·格林布拉特。我的选股思路简单来说就是买低估的好公司。当一家好公司被低估的时候，我才买进，正常估值就持有，高估值就会卖掉，就这么简单而枯燥。我的风格也很明确，即致力于寻找“戴维斯双击”。

7 年的投资生活很快乐，让我知道了“跳着踢踏舞上班”不是骗人的。我一年 365 天中，有 330 天左右都是在谦和屋工作。早上七八点就开始了，一直到晚上七八点，持续了 7 年。这 7 年是我进入社会至今最为敬业的 7 年，但我完全没有勉力坚持的感觉。我感觉人生中目前为止学到东西最多的阶段不是在大学，而是从事职业投资这 7 年。我感觉跟读了个博士一样，天天学习、天天琢磨。假如你觉得研究投资这件事很难，需要硬着头皮坚持，那么我真心建议：要么买指数基金，要么买点私募。

投资中运气真的很重要

我个人这些年实践的体会、真实的感受，就是投资中最重要的事情是运气。每年我都会在年底的时候，给我的朋友们写一封信，梳理整年的投资情况，持续六年了。每年我都有一个感叹——多亏老天爷保佑！

我举几个案例。我很早就在港股开了户，大概是2014年的时候，那时我完全不懂股票。港股那么多，我根本不知道怎么选择，随便选了一只股票——中国恒大，这只股票在我手里翻了很多倍。但是实事求是地说，我根本没怎么看过财报，我也没有一套恒大的房子。这纯粹是碰巧。当年所有研究机构都觉得恒大要倒闭了，可是我看了一下恒大的员工数量，觉得应该不会倒闭吧，就是这么碰上的。投资港股的第一只股票就翻倍，这不是运气好是什么？

之后，我选择全职做投资的时间点，也是靠运气。那正好是2014年下半年，我刚刚从繁忙的实业中脱身。刚刚开始研究股票投资，就迎来一场大牛市，股票天天涨。截至2014年底，不到半年的时间，我连打新都不懂，就赚了30%以上的利润。这不是运气好是什么？如果我是在2018年入市，可能就会在2019年带着满身的伤痛放弃投资股票了。

具体到个股投资，我的经历也充满了运气的成分。比如，我买过格力电器与恒瑞医药，都是在大幅下跌的时候，当时格力账上的现金和其市值差不多。正好在那个时候，我就把资金全部投资到股市了。那时我根本没看过格力的财报。我正在读格雷厄姆的书籍，发现格力就是典型的低估，于是就买入了。这不是运气好是什么？

买恒瑞更是运气好了。我太太恰好在连云港工作过多年，和恒瑞的朋友结下深厚的友谊。后来我父亲需要做一台手术，我们就拜托恒瑞的朋友找了北京积水潭医院。我在北京待了半个月，天天在医院陪着，恒瑞的朋友也陪着。就这样我近距离接触了恒瑞这家公司，问了很多关于医院医药的事情。后来，我就买了不少恒瑞的股票。当时我根本连财报都看不懂，更别说看懂医药行业的财报了。

还有一只个股，是我真正赚了好几倍的，就是东方雨虹，是一家做防水材料的公司。这家公司的创始人是李卫国先生。这位企业家在当年赚了第一笔钱之后，免费给毛主席纪念堂做了防水的修缮。从我们长沙走出去的企业，必须支持！结果东方雨虹带给我非常丰厚的收益。我起初买的时候，对防水市场和这家企业的了解也是相当浅薄的。真是运气好啊！后来我是一边研究一边跌，一边研究一边买。结果，我买到的最后一笔成交价是 10.5 元。如果我选错了的话，恐怕这一笔投资就能把我赶出局。

以上几个节点，对我来说都是转折性的节点。这几个节点中，只要错一个，或许我就不会再在股市了。跌跌撞撞走到今天，我深刻地体会到，就像欧文·卡恩的故事告诉我们的一样，对于投资这件事，运气真的非常重要，很多时候甚至起到决定性的作用。

我的投资五步法

虽然运气很重要，但正确的方法同样必不可少。在投资方法方面，我认为可以参考如下的投资五步法。

第一步：远离书本，远离财报，先去社会上走走看。去感受一下经济、城市、人口的脉动，对各行各业有一个最基本的了解。

第二步：从各行各业中挑选出你最有感觉、最擅长、最喜欢的行业，尤其是你学过的，或者你从事过的行业。这样你就能很快进入状态。

第三步：拿回书本，拿回财报，对比自己实际了解到的行业情况和企业情况，这样你就会有更加清晰明了的认知。

我常见到新入门的投资朋友，往往大量的时间宅在家里，我对此持有保留意见。我认为，应该多出去看看，假设您信奉买股票就是买对应的企业这一观点，就一定要去行业中看看，去体会一下。如果有条件，能去上市公司调研，那是最好的了。能近距离感受公司的氛围与气场，能看到高管们的样子、听他们的谈吐，对了解一家企业很有帮助。我去过很多家上市公司，也在实地调研中学到了很多东西。

第四步：一般来说，很难有恰好你研究到、正好可以建仓的优秀时间点，多数情况下不见得有好的价格。在这个时候，我会选择买入一点点，然后时刻关注这家企业和行业，等待时机。

第五步：重复上面四步，一次又一次。

从教师到职业投资者和专职奶爸

| 宜昌白云飞 |

编者语：从一个普普通通的散户，到成为职业投资者，他完成了财富积累，让自己的生活选择更加自由……你期待过这样的生活吗？

@宜昌白云飞因缘际会入市，他从教师转变成为全职投资者和奶爸用了15年。从接触股票开始，到基本形成自己的投资体系——这是一个普通的散户十几年来的股市经历，希望能对广大读者朋友有一点启发。

成为一棵鲜嫩的“韭菜”

刚开始听说股票好像是在1999年，当时我在一个学校当老师。我们学校有一个年龄比我稍大的老师炒股，偶尔跟我们聊一聊股票，慢慢地在我头脑中有了股票和炒股这样的词汇。

记得有一段时间，他几乎天天眉飞色舞地给我们讲买的股票又涨了多少、已赚了多少钱之类的。现在来看，估计是1999年年中，当时上证指数短短1个多月涨了70%。通过那位同事我慢慢对股票有了一点点概念，当时我对股票并不感兴趣，我更感兴趣的是WEB编程与服务器架设。

我工作的学校离家比较远，女儿出生之后，老婆既要上班又要带孩子，非常辛苦。当时公立学校老师的调动非常难，我尝试过多次都没有成功，万般无奈之下，我只好辞职。再次听到有人谈股票时，我已经去了一家私企。有一位同事曾经开发过证券软件，他对股票也比较有研究。大概是2005—2006年这段时间，在一起聊天时他就跟同事们讲，如果想买股票，现在是比较好的机会。他还为我们推荐了一些炒股方面的书籍。随着他跟我们在一起聊股票的次数多了，我慢慢地开始关注股票行情。

大概是2007年元旦前后，我去参加一个聚会，闲聊中我的一个老师又和我聊起了股票这个话题。他的一个同学在银行上班，已经通过炒股赚钱买了一套房子。正好我也计划买房子，听说炒股这么赚钱，我不免有一点点心动。

随着2007年股市持续疯狂上涨，身边越来越多的同事开始投身股票市场。到2007年5月，我们办公室已经没几个人没开户了。在大家的怂恿下，我终于在2007年5月30日去证券公司营业厅开了证券账户。这个日期我为什么记得那么清楚呢？因为当时随着股市疯狂上涨，监管层开始了调控，把印花税从单边征收改为双边征收。几天之内，上证指数从4300多点下跌到3400多点，我去开户的那天好像就是大跌的第一天。开户时我还在开玩笑说，多跌一点好让我进场。

开户之后我什么都不懂，在稍微熟悉了证券交易软件的用法之后，我就迫不及待地入场操作了，好像早买早赚，晚一点就会错过一个亿似的。但是我完全是个小白，也不知道应该买点什么。当时我有个最简单的想法：一定要买最便宜的，便宜的肯定会涨得快、涨得多。刚好有同事在买权证，跟我介绍说："权证非常爽，不但便宜而且可以买了马上卖，一天可以操作很多次，不像股票买了要第二天才能卖出。更重要的是权证比股票的涨幅大多了，一天赚100%都有可能，真是太刺激了。"听同事口沫横飞地讲了一通，我也动心了。因为我是在招商证券开户的，证券账户绑定的也是招商银行的卡，我一看有招行权证，于是就在同事的热情指导下买了招行权证，成交价好像是 5 角多。因为刚开始胆子小，一共只买了 5000 元。

买入后的第二天我就被安排出差了，也没时间关注行情。当时我的手机是诺基亚的功能机，不像现在可以在手机上安装证券软件，随时查看行情。几天后的下午，我紧赶慢赶，终于在收盘前回到了公司。一进办公室就有同事恭喜我，说我买的招行权证大涨。我迫不及待地打开证券账户一看，招行权证价格好像超过了 1.3 元，我已赚了超过 100%。我有点晕，赶紧在收盘前卖出了全部招行权证。当时周围一片称赞之声，大家一致要求我请客，我非常高兴地答应了。

入市第一笔交易就赚超过 100%，我非常得意。但是得意之后，更多的是后悔，为什么不多买一点呢？越想越后悔，终于忍不住在第二天把自己能动用的全部资金转入了证券账户。

于是一棵鲜嫩的“韭菜”就这样出现了。做任何事情，刚入行时就太顺，往往不是好事，这会让人产生错觉，以为干这行很简单，从而对可能遭遇的困难准备不足。

连续亏损是新股民的必修课

刚进入股市的新股民一般有这样两个特点：一是没有明确的选股标准，一般是看哪个涨得好就买哪个，或者看别人买哪个就买哪个；二是没有明确的买卖标准，大部分是凭感觉。总结一下，就是没有自己的投资体系。

我也和所有新股民一样，糊里糊涂地炒股几个月，居然还赚了不少钱。在2007年那拨牛市中，真是想不赚钱都难，买啥都涨。在那期间，我还参加了网上的一个炒股大赛，并进入了业余组前3名，记得我好像主要买的是中体产业和丰乐种业，但其实当时我真的什么都不懂，完全是靠运气。

好日子很快就到头了，随着2008年次贷危机的到来，我从买啥都涨变成了买啥都跌。整个这一拨大跌中，我亏损了约60%，算是亏得比较少的，同事中好像最多有亏90%的。大亏之后，我开始学习投资方面的知识。我先后看过不少投资方面的名著，这些书籍对我当时的交易到底有没有带来影响，我已记不清了，唯一记得的是我在网上学习的股票筹码图技术，曾经用过很长一段时间。

我以筹码图上的山峰为界，每向上一点就卖出一点，到上边沿就全部卖完；每向下一点就买进一点，到下边沿就满仓。在之前的连续亏损中我认识到，盘中临时做出的买卖决定，大部分是错的。反思之后我决定所有的交易委托都在开盘之前就下好，盘中不做任何操作，股价到达委托位置就自动成交，收盘之后再总结决定第二天的委托价位。

我曾经使用了很长一段时间筹码图技术，在振荡行情时，这种方法特别管用，有很多次我当日的买进价就是当日的最低点、当日的卖出价就是当日的最高点的经历。但是这种方法有一个巨大的缺点，就是如果股价一旦突破上沿和下沿就惨了，跌破下沿会满仓套牢，涨过上沿则完全踏空。被套过几次之后，我没有想到更好的解决办法，后来就慢慢放弃了。

价值投资不适合我

我们公司附近的一个小区有一个退休的老大爷，有一次他家里的电脑坏了，听说我在软件公司上班，就请我去给他看一下电脑出什么问题了。闲聊中，我知道了他是个老股民，他听说我也炒股，马上就打开了话匣子。他是忠实的价值投资者，会精选股票然后持有很多年。他给我讲了他的两个得意之作：四川长虹和振华港机（现振华重工），盈利都超过了10倍。他问我买的是什么股票，我说持有的是一个ST股，我至今记得他当时看我的眼神。

老大爷很热情，后来他经常邀请我去他家玩，陪他聊天。他也跟我讲一些他的投资方法。他的选股方法很特别，就是经常看新闻联播，如果发现哪家上市公司在新闻联播中出现了，他就把这只股票放入备选池，然后进行深入研究。他同时持有的股票一般不超过3只，一旦确定了目标后，建仓周期比较长，退出周期也比较长。记得当时他还给我介绍了正在持有的两只股票：大族激光和安琪酵母。安琪酵母就是我们宜昌本地的上市公司，他说对安琪酵母研究得比较多，这是一家好公司，这辈子都不准备卖出了。

在他的影响下，我慢慢对价值投资产生了兴趣。可惜后来没过多久，他就去世了，我还没有来得及学会他的投资精髓。如果时间再长一点，我可能也会成为坚定的价值投资者。

在尝试性地做价值投资的过程中，我发现自己很难成为老大爷那样的价值投资者。第一，我觉得自己没有他那样的战略眼光。第二，我没有能力把公司分析得很透彻。他给我讲为什么投资安琪酵母时，分析了其方方面面，包括公司高层、市场地位、行业前景等。第三，他是退休后在家炒股打发时间，可以做到心如止水，而我正年轻，很难有他那样的耐心。

走上量化投资的道路

后来我决定走量化投资的道路，是因为中国中铁。第一次买中国中铁是它刚上市的时候，当时我刚进入股市，完全是哪个股票涨得好就买哪个，中国中铁上市后一路上涨，好像是在第一个涨停后，我在10元左右追了进去。后来在2008年，与我持有的其他股票相比，中国中铁算是跌得比较少的，所以我一直持有。后来几年中国中铁走势一直不好，持续缓慢下跌，最低跌到2元多。我认为随着中国高铁建设的高速发展，中国中铁不可能永远不涨，而且这种公司基本不可能破产，所以跌下来后我还补了几次仓，最后成本在5元多。

2014年下半年，中国中铁开始上涨，并很快超过了我的成本线。2014年底，涨到10元后它调整了一段时间，2015年继续大涨，最高涨到了24元。在这近一年的大涨中，我一股都没卖，因为我当时想的是要像老大爷一样盈利10倍以上。后面随着大幅下跌的来临就悲剧了，中国中铁很快就跌到了10元多。后面反弹了一点，紧接着是又一次大幅下跌，在连续经历3个跌停之后，我实在受不了了，全部清仓。

中国中铁的“过山车”对我打击很大，最初买入价为10元，持有了7年，最低跌到2元多，最高涨到24元，可我最后的卖出价只有9元。虽然因为补仓摊低了成本，最后还是赚了不少钱，但是这次经历让我对买卖点的把握完全失去了信心。上涨的时候太贪婪，想着要赚10倍；下跌的时候又太恐惧，选择的卖点极差。

在接下来一段时间，我开始深入反思。我认为像我这样的小散户，不适合做股票价值投资。

第一，我觉得做股票价值投资有点像战场上的指挥官，需要考虑的东西太多，方方面面都要考虑到，任何一个被自己忽视的不起眼的地方，以后都有可能给自己带来惨痛的教训。比如我曾经有这样一个投资逻辑：每个家庭都需要买汽车，中国的汽车保有量会非常大，而汽车都需要加油，所以可以长期持有中国石油和中国石化。这个逻辑看起来没什么不对，但是这只是考虑了一个方面而已。如果要投资中国石油，也许需要分析的远不止这一个方面。那么如何规避自己不擅长分析股票的弱点呢？我认为只有选择投资指数基金，特别是 ETF，它们非常适合像我这样的散户投资者。

第二，我认为像我这样的年轻小散户，应该把交易中的每一步都精确量化，交易时不能带有任何主观的成分，只有这样才能避免冲动、避免坐“过山车”，才能把账面的钱放到口袋里。对于散户投资者来说，赚到的都是账面上的，亏损的都是实打实的人民币，也许很多人有过这种经历。

多年来我一直从事与编程相关的工作，业余时也写过不少量化回测系统的相关文章。经过思考之后，我决定试一试“ETF + 趋势 + 量化”的思路，而且尽量做短线，赚到手了就跑，别一直拿着坐“过山车”。

决定了方向之后，我开始选择 ETF，反复对比了当时最主要的 4 只宽基 ETF，我发现其中一只最适合我的短线趋势量化思路。而这只宽基 ETF 在这四只中波动最大，其趋势有一定的持续性，成交量也比较大。然后我开始写程序测试，测试结果也验证了我的想法，它的测试收益最高。

自此，我开始重点投资 ETF。自我主要投资 ETF 以来，在一只 ETF 上赚的钱，比我之前投资多年股票赚的都要多。后来，我又增加了通过动量轮动来选择交易标的，通过多品种、多周期分散来管理资金的操作模式，最后形成了我现在的投资体系：指数基金＋动量轮动＋趋势跟踪＋量化交易＋机械执行＋适当分散。

买什么？指数基金＋动量轮动，买涨得最好的指数基金，永远只骑快马。

怎么买？趋势跟踪，跟随价格；涨了就买，跌了就卖；打得赢就打，打不赢就跑。

如何执行？量化交易＋机械执行，把投资策略固化成数学模型，用模型代替人为的主观判断，然后严格按模型给出的信号机械执行。

如何管理资金？适当分散，通过多品种、多周期的分散让资金有序进出。

现在我的投资体系中，没有任何主观的成分，全部是量化的。实践证明，这套投资体系基本满足了我的要求，可以把账面的钱及时装进口袋，并且收益相当不错，我觉得这是适合我们大部分散户投资者的一套体系。

做职业投资后的一些思考

我走上职业投资这条路是一个缓慢的过程，不是今天决定辞职、明天就开始职业投资的。记得大概是 2010 年，我所在的公司在走下坡路，我们几个关系比较好的同事决定辞职单干，反正都是写程序。辞职后刚开始是与人合作开发在线棋牌游戏，我和同事负责开发，合作方负责运营。我们的时间比较自由，不用去办公室坐班，只需要在家开发就可以了。后来又接了些企业内部管理程序之类的项目做，也都是只负责开发，很自由。因为比较自由，所以刚开始是一边写程序，一边炒股，后来慢慢变成在炒股上花的时间更多一些。也不记得具体从什么时候开始，我就不再写程序，改为专职做投资了。

我认为投资的本质就是概率游戏。那么应该从哪些方面来思考投资这个概率游戏呢？我认为主要可以从三个方面，即胜率、盈亏比和分散程度。

胜率，就是盈利次数占总交易次数的比例。比如交易了100次，盈利了51次，那么胜率就是51%。胜率是大部分投资者非常看重的一项指标，很多人孜孜不倦地追求高胜率的投资策略，如果有人预测行情走势非常准确，就会被“封神”。不仅仅是对做技术分析的投资者，胜率对价值投资者也同样重要。为什么价值投资者既要强调好行业、好公司，还要强调好价格呢？因为再好的公司买贵了也不行，只有买得便宜，赚钱的概率才会更大，胜率才会更高。

经历过一轮完整牛熊的投资者，如果总结一下也许会发现，其实自己的胜率并不低，但是为什么一轮下来没赚到多少钱，甚至很多人会亏钱呢？这就涉及另一个指标，盈亏比。

盈亏比，就是平均每次盈利金额的比例除以平均每次亏损金额的比例。投资大师索罗斯曾说过：“正确或错误并不是最重要的，最重要的是你正确的时候赚了多少钱，错误的时候亏了多少钱。”换句话说，也就是胜率并不是最重要的，盈亏比才是最重要的。假设有两位投资者A和B，本金都是1万元，A连亏4次，每次亏5%，第5次赚了50%，最终资金超过1.2万元；B连赚4次，每次赚5%，第5次亏了50%，最终资金只有6000多元。

A的胜率只有20%，B的胜率是80%，为什么最终A的资金却是B的2倍呢？起关键作用的就是盈亏比，因为A的盈亏比远远大于B。遗憾的是，可能很多散户投资者却更像例子中的B，赚一点钱就“恐高”了，就止盈跑了，平均每次赚得比较少。但是往往平均每次亏损得比较多，很多时候都是被套得很深了，实在忍受不住了才割肉卖出。赚一点就跑了，亏了就死抱着不放，这也许就是散户亏钱的罪魁祸首。虽然胜率很高，但是盈亏比极低。

如果我们足够幸运，找到了交易的“圣杯”，胜率可以达到90%，盈亏比也非常高，那么接下来需要做的是不是应该全部压上，甚至融资加杠杆呢？

“辛辛苦苦大半年，一夜回到解放前”，不管我们赚了多少次，也不管赚了多少钱，只需要一次大的亏损，就可以让我们永远退出市场、永远没有翻身的机会。假设辛辛苦苦投资多年赚了不少钱，前段时间全拿去抄底“原油宝”，可能就不只是回到“解放前”，估计要回到原始社会了。分散投资，永远是非常重要的。如果我们把资金分散到5个或10个高胜率、高盈亏比的策略或品种，那么破产的概率就几乎为0，而赚钱的概率却几乎为100%。

如果我们在做投资决策的时候，更多地从胜率、盈亏比和分散程度这三个方面来思考，也许思路就更广阔了。我们不再需要纠结到底参数是选这个好呢，还是选那个好；也不用担心过去表现好的策略，未来还会不会表现好。如果我们正在使用的投资策略从胜率和盈亏比的角度考虑大概率是赚钱的，而且进行了适当的分散，那么还担心什么呢？赚钱几乎是一定的，需要的只不过是坚持，是较长时间的坚持。

初入股市的投资者要有一些认知：

别认为股市是捡钱的地方，这里很多人是“全副武装”，如果你是“赤手空拳”冲进来，你凭什么赚钱？如果连一件“趁手的兵器”都没有，只是凭着一腔热血，你大概率会成为别人的猎物。

别想着靠运气赚一把就走，凭运气赚的钱，大概率会凭实力还给市场。

我是如何被迫成为全职投资者的

| 终身黑白 |

编者语：你是怎么入市的？你入市的目的是什么？你想通过投资改变什么？

一个普普通通没有专业背景的人，一个想在股市收获“自由”的人，一个想通过投资改变生活的人，要怎样才能在这个市场生存下去、赢得自己想要的？很多人尚不知道答案。可是有一个人做到了，他就是@终身黑白。

人的一生一定要抓住几个重要的机遇

2021 年是我全职投资的第九年，一路走来磕磕绊绊，有幸我还留在股市，在对投资这件事充满敬畏的同时，我还保持着一颗感恩的心。

我是一个非常平凡的普通人，生活在一个小城市，既没有上过名牌大学，也没有传奇曲折的人生经历。如果不是误打误撞进入股市，我大概率也只会庸庸碌碌地过一生。我的战绩虽然算不上特别优秀，但至少有效地改善了家里的财务状况，父母健康、家庭幸福，我还很幸运地做着自己喜欢的事。

经常有人问我财务自由是什么状态？我认为，收入可以满足欲望，不为了金钱去做不想做的事情；可以陪伴渐渐长大的孩子，照顾逐渐年迈的父母，和相爱的人在一起，就是财务自由吧。

大家可能有些奇怪，为什么我说自己是被迫全职做投资呢？这就要简单说说我的成长经历了。高中毕业后，我选择了和大多数人不同的道路。我们那个时代不上大学的人很少，或好或坏总是要上大学的。可是当时我不知道哪来的忧患意识，总觉得上个杂牌大学将来也不好就业，于是在我的强烈要求下，父母送我去技校学习了网络工程。毕业回来后的我第一次面临人生危机：留在大城市可以就业，但生活支出太大；回到家乡，我学的那些知识就根本没地方用了。

由于上学期间一直没怎么回家，犹豫再三，我决定先回家休息一段日子。一个偶然的机会，我去找高中同学玩，发现他的大学附近竟然只有一家网吧。于是我有了一个大胆的想法：我决定自己创业开网吧。其间烦琐的经历就不说了，总之我最感谢的还是父母，当时 20 岁不到的我要去创业，他们竟然选择了坚定支持，东拼西凑为我凑足了本金。最终我和朋友在他的大学门口合开了一家不算太大的网吧。

大概一年多，学校附近的网吧多了起来。因为当时已经不审批新网吧了，所以网吧的转让费特别高。我和朋友一算账，转让费都顶得上我们快两年的利润了，索性就把网吧卖了。

这算是我人生的第一桶金，回家连本带利全给了父母，自己只留下了几万元，我再一次进入失业状态。在家偷懒了半年，种种机缘下我开起了淘宝店卖特产。当时全宁夏只有两三家淘宝店，我的生意自然不错。我白天接单，晚上开车去农村收枸杞，慢慢地每天都能卖出几百斤枸杞，这也是我投资股票之前个人财富提升最快的阶段。

现在回想起来，很多朋友都说我运气太好了，既赶上了网吧风口，又赶上了电商风口。其实任何事情看到的是成绩，看不到的是努力。开网店的时候白天要打包发货，晚上要去乡下收特产。每天晚上困得要死，只能吃小尖椒防止自己开车时睡着；白天还要在街头上演背着麻袋追大巴的戏码，因为大巴不能在路边停靠，但我要把货物带去有快递的城市。一个 160 斤的胖子不到半年瘦到了 130 斤，这是我减肥最成功的一次。人生中我们或多或少会遇见一些机遇，但个人也要付出努力才能把它们抓住。

几年后开淘宝店铺的人也多了起来，于是我又卖了淘宝店。

那为什么说我是被迫全职做投资的呢？因为那些年我虽然攒下了一些积蓄，但我的生活也有很多问题。开淘宝店大多是网上交流，长期脱离社会导致我的社交能力减弱。之所以之后的几次实体创业都不太成功，是因为在管理中要和很多政府部门打交道，经营中也要和顾客融洽相处，但这些是我的弱项。尽管后来我也试着去找过工作，但很难应付职场的人际关系。

所以和大多数人投资成功后选择全职做投资不一样，我选择全职做投资是因为我的人生轨迹导致我很难融入社会。幸运的是股市收益的增加是不需要依靠社交能力的，这就有效规避了我的短板。

反过来说，不爱社交这个缺点，反而让我有更多的时间去学习。我们每个人都有自己的优点和缺点，股市是一个可以让我扬长避短的地方，所以全职做投资对我来说是最好的选择。

投资生涯的进阶

进入股市的具体原因我已经不太记得了。当时并非牛市，我也不是为了赚大钱，更多的可能只是为了打发时间。与大多数人的投资生涯相比，我并没有什么非凡的经历。

初入股市，我和大多数人一样有过什么都不懂的阶段，有过每天执着于打探消息的时候，也曾沉迷过技术分析，但好在没有犯什么大错。一个偶然的机会，我读到了一本中国台湾作者的书，书很薄，现在已经找不到了，甚至连名字都想不起来了。对比现在大量的投资类书籍，虽然那本书写得很一般，但是多少让我接触了一些关于价值投资的理念。

后来我偶然发现了一个网站，网站上有一门财报课。当时价值投资还不算特别主流，这门课程让我看到了另一个世界。这是我第一次完整地接触财报，知道了财报三表，知道了 ROE 等指标，知道了可以从财务的角度去分析一家企业。学习的过程虽然艰辛，但确实让我对投资的认知有了大幅提升。

这门课程对我最大的帮助并不是让我立刻成为投资高手，而是让我确定了投资的方向。这是我投资生涯的第一次提升，算是找到了正确的道路。

一个人的变化肯定不是某一天之内就能完成的，成长是一个缓慢的过程。因为一次成功，因为一次失败，因为读了某一本书，或是认识了某一个人，成长要靠点点滴滴的积累，逐步改变。现在我依然觉得自己在成长的道路上，为了投资这件事，我必须不停地学习。

2012 年底我发现了雪球，进入雪球之前，我学了财务课，也读了很多相关书籍，学习到了很多关于价值投资的知识。我好像什么都懂了，但又不知道从何下手。雪球和这些书籍的区别就是更贴近实战，社区中的分享很多是基于当时的环境，因此更容易让我学到面对不同问题如何决策。

我们大部分人是普通人，很难自己去创造知识，更多的是需要从别人的分享中汲取营养，把别人的知识和经验转化为自己所用。

如果说我投资生涯中第一次提升是因为那门财务课让我找到了正确的方向，那么第二次提升就是在进入雪球后，我因大家的分享而更快地成长。

最成功的一笔投资

投资这些年我收益最高的一只股票是贵州茅台，现在贵州茅台几乎受到全民认可，很多人也都说自己持有贵州茅台很多年。分享这段经历我是有些犹豫的，因为我特别怕别人误会我蹭热点。秉持着真实的主旨，冒着被骂蹭热点的风险，我也简单说说我投资贵州茅台的心路历程。

贵州茅台是目前让我财富提升幅度最大的一只股票，但并没有赚取最大利润。首先，虽然我买得比较早，是 2013 年开始买的，但我的初期资金有限，买的并不多，并且不是都买在最便宜的时候。我卖得也比较早，当价格在 900 元左右的时候，我就陆续减仓了，最后一笔好像是在 1100 元卖出的，换入了当时 340 港元的腾讯。

我当时选择贵州茅台的原因很简单，因为它完全符合我那时对巴菲特选股逻辑的理解。第一，ROE 高；第二，行业简单、变化少，十年前茅台什么配方十年后还是什么配方，不用担心行业变化快被弯道超车；第三，公司赚的都是真金白银；第四，要维持当前的收益不需要大量投入。

后来进入雪球社区，我看到了更多关于贵州茅台的思考和分享，他们的分享进一步加深了我对贵州茅台的理解和喜爱，基本上 2013—2015 年我都在持续买贵州茅台。这期间也有动摇的时候，因为当时的主流言论是不太认可白酒行业的，现在我还清楚地记得当时看某电视节目，嘉宾嘲笑买贵州茅台的投资者，“巴菲特持有可口可乐，中国的巴菲特信徒就照猫画虎买茅台，完全是邯郸学步”。

这个时候如果持有的是一只纯题材的股票，我可能很早就在迷茫中放弃了。但价值投资的优势在于，你可以看到企业在不断成长、不断赚钱，这能坚定你持有的信念。我当时的想法其实很简单，企业还在赚着真金白银，并且我不相信世世代代都喝白酒的中国人，突然就不喝白酒了。

一家企业一直能得到市场认可是不可能的，最后的回报往往来源于在困难时期选择了坚持持有。

虽然因为个人投资体系的不同，我没有像很多优秀的投资者一样满仓贵州茅台，卖出也比较早。但贵州茅台依然是我目前投资生涯中最成功的一笔投资，它这些年不仅为我赚到了财富，还坚定了我做价值投资的信念。

投资路上最艰难的阶段

2013—2015 年我买了不少贵州茅台，但如果说六七年前的我就有现在的投资阅历以及心态，那肯定是吹牛了。当时更多的是看其他人的分享，比如唐朝和乐趣前辈，他们经常会发布一些基于当时的环境对贵州茅台的看法。

很多人之前问我，真的有人持有一只股票七八年吗？

乐趣老师做到了，这期间经历了塑化剂事件，经历了三公消费限制，经历了年轻人不喝白酒的主流论调，他都没有卖出并耐心持有。如果说这都是因为运气，真的有人相信吗？

投资的路很难一帆风顺，2014—2015 年是我投资生涯中最艰难的阶段，那时候的我已经坚定地选择了价值投资，买了不少优秀的企业，如贵州茅台、中国平安，也买了一些后来证明看错的企业，比如长安汽车、张裕 A。

这个时候我也幸运地迎来了牛市，牛市的到来本应该是股民最期待的事情，但这两年是我最受挫的时期。

看错一家企业并认赔出局，其实对我的打击并不大，毕竟只要方向对了，通过不断努力还是可以提高研究的成功率的。对我打击最大的是，学了这么久的价值投资，到了牛市才发现，隔壁王奶奶闭着眼睛买，都比我赚得多。

这个时期是最痛苦的，会有些怀疑自己，看着涨了三五倍的题材股，和趴在原地的贵州茅台、中国平安等优质企业，人会变得很焦虑，会质疑这个市场真的适合做价值投资吗？是市场不适合，还是我的投资体系有问题？

2015 年大幅下跌时，我特别喜欢一个人静静待着，思考投资的问题。当时很多优质的企业如贵州茅台、格力电器、中国平安的估值都非常低，无论市场是否还会因为恐慌继续下跌，以当时的价格买入都是很好的投资机会。那时候我家里还有房屋在出租，相比我们这种小城市的房产来说，长期来看一定是这些优质企业的回报率更高。

在我们这种小城市，房价很难上涨，只靠租金的话，其实是一个回报率很低的资产，所以我想趁着这个机会把房产换到这些优质的企业上。

我当时的计划是把卖房的钱分散投资到多个行业的优质龙头上，即便作为个人投资者的我研究能力有限，可能会看错一两个行业，但如果因为我买入，使得保险、家电、白酒、银行等这些行业的龙头企业纷纷倒闭，这显然是一件不可能发生的事情。

我当时唯一的担心是不了解股市的妻子不会支持我这个决定。毕竟房子放到那里无论是否赚钱，都是肉眼可见的资产，换成股票对不了解股市的人来说，好像就变得看不到、摸不着了。

出乎意料的是妻子非常支持我的决定，毫不犹豫地选择了卖房。所以我经常说，我的成功，真的离不开一直默默支持我的妻子。那些年我怀疑过、彷徨过，但困难的时候还是熬过来了，价值回馈只会迟到不会缺席，耐心和坚持也带来了应有的回报。

任何事情从 0 到 1 都是最难的，因为这个阶段的不确定性因素太多，我们如何看待正在做的这件事仿佛也充满了迷雾，可能某一个小小的风浪就把我们打败了。如果我们努力完成了从 0 到 1 的过程，那么从 1 到 N 的过程反而会轻松很多，因为这个阶段你已经明确知道自己应该往哪个方向努力。从 0 到 1 的阶段，可能每个人遇到的问题都不一样，我们唯一要做的就是不断地提升自己。比怀才不遇更悲剧的事，就是当机遇来临了，你却没有能力抓住它。

一笔笔成功的投资，其实不只是赚到了钱，还有自信心的提升，和对价值投资这条道路的认可，以及家人不断增加的信任。大多数不懂股市的人会把这里当作一个赌场，作为参与者我们也自然被当作赌徒，但只要你一年、两年、三年、五年都在认真地做这些事，并且带来了回报，他们一定会改变看法。

其实我觉得没有必要讲太多我个人投资的经历。人到了一个阶段回顾过去，潜意识中一定会强调自己成功时决策的重要性，同时也会忽略自己犯过的一些错误，这使得每个人的传记都显得那么传奇，但我觉得人生其实有很多偶然性。

比如我进入股市既不是被赚钱效应吸引，也不是深思熟虑的规划，而是某一天心血来潮干了这件事，又因为种种机缘坚持了下来，有幸看到了那个财务课的网站，又幸运地进入了雪球。这中间任何一个环节发生改变，可能都会有不一样的结果。投资成功的人各有各的原因，各有各的体系，但有一条是大体相通的：那就是保持谦逊，不断阅读，不断学习。

给股市新人的投资建议

在股市九年多，我最大的变化就是变得谨慎、变得理性，如果说要给新股民一些投资建议，那就是这个地方不可能靠运气赚钱，想在股市改变人生，前提是有足够的认知。

这个地方也不可能赚快钱，我们应该把投资收益的预期降到最低，把低收益当成一种常态，把偶尔的高收益当作一种意外之喜。任何一笔投资在决策前，最先要想到的是风险，要确保最坏的结果出现时你依然可以接受。还有就是要坚持，无论有多大的梦想，只有你还在市场内才有可能完成。

如果没有时间学习，定投指数基金是一种不错的选择，任何事情都是先胜而后求大胜。先保证自己能稳定赚钱，再逐步提高收益率。如果本金不多，可以把股市当作一个理财的途径，但不要奢望短期能在股市改变命运。我们都是普通人，别人都做不到的事，我们也很难做到。

对于全职投资，我并不建议刻意辞职去全职做投资。如果在投资以外你有一份稳定的收入，那么你更容易保持良好的心态，不会因为着急赚快钱而影响决策。只要你愿意学习，我觉得每天抽一两个小时应该是能做到的。短期内可能会很辛苦，但无论创业还是投资，既然别人选择了安逸，你选择了奋斗，就必须比别人更努力。你不能一边期望将来比选择安逸的人过得更好，一边又想和选择安逸的人一样舒服。

这个市场中厉害的人有很多，赚钱的方式也有很多，适合我的投资体系不一定也适合别人。每个人的投资体系一定是在实战中慢慢摸索改变的，最终能让你稳定赚钱、持股舒服才是关键，没有必要刻意模仿谁。

性格很大程度上决定了我们对待一件事情的态度

1998 年 5 月，巴菲特在华盛顿大学演讲的时候说，投资成功的决定因素是“性格”合适，而不是“聪明”。投资的时间越久，我也越认可这句话。虽然有的人可能很聪明，但是他可能失败于贪婪、失败于自负、失败于优柔寡断。

所以我想分享一下我的投资态度中的三个关键词。

第一，敬畏。我们大多数人是普通人，并非天赋异禀，所以永远不要幻想在股市这个战场，毫不努力就能战胜大多数人。

投资既要时刻保持敬畏之心，也要时刻保持谦逊。我见过有人因为投资理念不同而互相指责，但其实我觉得，投资没有门派之分，只有赚不赚钱和适不适合。能在这个市场长期生存的人，相互间可能理念有所不同，但也一定有值得我们学习的地方。

第二，自信。有较大收益的投资一定是基于市场中的分歧，如果一家企业人人都认可，那么它的价格肯定已经基本反映了它的价值，甚至远远高于它的价值。

现在互联网越来越发达，社交也越来越便利，有雪球这样的交流社区，有微信公众号，也有各种网络交流群，交流可能会让人更容易变得从众。以前投资时不太容易知道别人的想法，就不得不独立思考；现在我们很容易看到大多数人对一家企业的意见，反而更容易被别人的意见左右。

然而在股市想要有不错的收益，很多时候都需要我们逆流而行，这个时候自信就很重要。当然这个自信不是“迷之自信”，它需要建立在你丰富的认知和深入的研究的基础上。

第三，诚实。肯定有人会问，诚实和投资有什么关系？这里说的诚实，是诚实面对自我。听着很简单，其实这并不是一件容易的事情。

人是讨厌认输的生物，当有人和我们意见不一致的时候，就会忍不住否定对手。有时候我们其实并没有认真思考对方的建议，只是一味地否定，不愿意倾听别人的观点。我们更愿意强化和接受对自己有利的事情、有利的观点，希望得到他人的认同。当有人对抗自己时，当要面对错误时，很多人会选择逃避和抵触，这对投资其实是非常不利的。

比如很多投资者会把自己失败的原因归咎于市场环境差、宏观政策不支持、管理层不作为等；而对于赚钱的人，会认为他们有内幕消息，或者全凭运气。

持有这些观点的人，就好像他们早已经知道股市不可能赚钱，只是被逼入市，而自己没有犯下任何错误似的。但实际上他们忽略了从开户到买入，都是自己亲手操作的这个事实。大环境是赛道，个人体系是赛车，每个人面对的赛道都一样，一个赛车手想取得好成绩，改进赛车才是其努力的方向，而不是要求主办方按自己的想法去建赛道。所以，要多从自己身上找原因，诚实面对自己很重要。

一点感悟

进入股市的这些年，我的人生有了很大的改变。我性格比较内向，也不擅于社交，导致我很难说出恭维的话，也很难做到请求别人帮忙，这些在职场或创业中都是巨大的短板。

股市是一个可以规避这些弱点的地方，所以相比其他人我更加珍惜投资这件事情，这一路走来，我时刻提醒自己保持敬畏与感恩。懂得敬畏，牢记市场的残酷，不断提高自己；懂得感恩，每一位帮助过我、鞭策过我的朋友我都铭记在心。

投资这条路布满荆棘，需要我们认真面对。我很喜欢现在的生活状态，所以我会更加珍惜，不断努力，不断向大家学习。能看到别人的长处，能接受别人的短处，能记住别人的好处，能直面自己的错误，无论我们是否做投资，这都是我们该有的人生态度。

11 年 13 倍：我的翻倍股之旅

| 谦十五 |

编者语：查理·芒格说过：“人生只要有20次投资10倍股，就可以富可敌国。”对于一个高明的投资者而言，即使他一生中只有20次投资机会，也可以实现财富自由，对不敢重仓的股票，他一股都不会买；不敢持有一年的股票，他一天都不会拿。本文的主角@谦十五就是一位敢于重仓、敢于长期持有的人，他2009年入市，多次擒拿住翻倍股，在11年的投资生涯中赚了近13倍。

人生买入的第一只股，是全市场 PE 最低的

我是谦十五，接触股市是在工作后。那个时候报纸的财经新闻讲股市的很多，慢慢地有点余钱后，我琢磨着如何理财，一开始先看别人投资，后来自己也开了户炒股。

2009 年，我买入了人生第一只股：民生银行。买入的理由很简单，当时不太懂股票，就觉得 PE 很重要，当时全市场 PE 最低的股票就是民生银行，于是在七八元时买了些。买入后我也不知道什么时候该卖，我不是科班出身，看不太懂年报，就去搜新闻，浏览各种正负面消息。我也去各种

论坛看大家如何讨论这只股票，最后我得出一个结论：民生银行是当时增长最好、效益最佳、管理最强、“大佬”最多的银行。越研究我对民生银行的信心就越强，股价往下走的时候我也不着急，在低位时就一点点加仓，综合成本到最后只有4元多。

我买民生银行用的是闲钱，金额不多，只要股价下跌我就买入，一持有就是六年。民生银行的业绩增长果然很好，我慢慢就开始赚钱了，再后来，民生银行吸引了安邦保险多次举牌，短期股价暴涨到12元，因为不看好安邦保险对于民生银行董事会体系的影响，我选择了卖出。

中国恒大让我赚到了工作十年也存不到的钱

虽然持有民生银行那么多年，但真正让我赚到第一桶金的是中国恒大。2015年的大幅下跌，现在回想起来应该是相对容易“逃顶”的一次大幅调整。我提前清掉了仓位。当时我跟朋友们说，最后1000点的钱我不赚了。

从A股退出来后，国内的房地产市场很热，但香港地产股热度不高。我平时喜欢看足球，因为恒大慢慢了解了许家印和恒大地产。为了进一步了解恒大，我搜索了大量的新闻，下载了几个G的关于许家印的资料，现在想想都够写好几本许家印传记了。由于长期混迹各种论坛，我那时已经懂得如何阅读财报。在反复看了恒大的年报后，我确信其费用与利润存在错期，扩张期出现大量借贷及费用支出，到了稳定期利润就会高速增长。我认为恒大正处于高速扩张期，虽然当年报表利润很少，但三年内会产生大量利润。

转战港股后，我积极建仓恒大，成本约4～5港元。当时整个港股市场看空恒大和许家印，再加上当时港通股开通时间还不长，内资对在港上市企业也比较陌生，恒大的估值一直起不来。但我对它很有信心，我知道它的企业团队、商业模式都很优秀，利润会逐步释放。我越了解就越有信心，不断加重仓位买入，越跌越买。随着恒大的业绩逐步兑现，它很快成了热点和明星股，港资也追、内资也追，股价出现疯涨。我在18港元左右把恒大的股票全部卖掉了，尽管后面涨到28港元的部分没有拿到，但这次投资我赚得了三四倍的收益。

从恒大上赚到的总金额对我而言是很大一笔钱，不到三年时间，我赚到了工作十年也存不到的钱。这是我第一次见到这么多钱，是我人生赚到的第一桶金。

能从恒大赚到钱，我觉得主要有两个原因：一是我当时对港股很有信心，认为它是一个牛长熊短的好市场，总体估值较低，总有大量的分红与回购，市场自我“回血”能力超强，所以我在市场开放早期就介入了。二是我觉得我们在内地会比香港更了解中国地产行业和恒大，而美资、欧资、港资对内地的判断相对保守，其间的预期差会带来港股估值的修复。

韦恩的故事让我决定拥抱科技制造业

韦恩是苹果公司的第三号创始人，苹果的第一份用户手册就出自他之手。他与乔布斯和沃兹尼亚克共同创建了苹果公司，并在乔布斯父母的地下车库中造出了第一台苹果电脑。然而就在1976年，韦恩以800美元卖掉了其持有的苹果公司10%的股份。到了2020年，这10%的股权价值远超2000亿美元，收益达到了2.5亿倍。这放在人类历史上来看都是令人惊讶的财富增长倍数！这让我意识到，科技制造才是创造财富最大的赛道，没有之一。

转道科技股，是一个缓慢的过程。认定这个赛道后，我就天天琢磨它的各种商业模式，为什么科技制造业和别的行业不一样？制造业尤其是高科技制造业，是现代规模化生产方式的进化。随着规模扩大、成本降低、利润增加、生产加速，科技制造业领域出现了很多成功的企业，如苹果、华为、三星、台积电、英特尔等。这些企业有专利、研发、规模、市场优势，积聚财富的方式可以低成本复制推广，是最佳的投资标的。那么什么样的公司才是好公司？我认为作为科技企业，好公司一定要有优秀的研发团队，最好老板就是专业人士；科技实力要在行业中开始或已经占据优势；另外技术成果能直接转化成产品和利润，因为只有理论没有产品，结果也不好预期。

投资特变电工是我第一次对科技制造业进行尝试。当时正值国内大规模特高压输电线路建设的高峰期，而特变电工的超高压技术、成本、制造、出口在业内全面领先，业绩正处于爆发前期。我持有一年左右，迎来了行业大风口，虽然市场整体低迷，但特变电工很快就有翻倍行情，这是我第一次见证了制造业科技股的逆市抗周期上涨能力。

比亚迪，我应该至少会拿到 2022 年

科技股里我关注了光伏、芯片、医药等领域，但目前主要重仓的是比亚迪。比亚迪我已经关注三四年了，最早是因为看到巴菲特买了比亚迪，让我产生了兴趣，于是我就看了《王传福传：比亚迪神话》一书。王传福是一个很有传奇性的人，芒格曾经评价过他：王传福仿佛是爱迪生和韦尔奇的结合体，他解决技术问题时像爱迪生，而其强烈的目标感则像韦尔

奇，我以前从未见过这种人。当时我觉得比亚迪很不错，但因为其股价一直比较高，企业又在转型，所以我一时看不清方向。

2020年初，比亚迪官宣刀片电池研发成功，这吸引了我的注意力。我一研究，这不得了，这个技术能让磷酸铁锂电池重出江湖、重回主流。① 比亚迪的刀片电池技术能让磷酸铁锂电池的体积能量比提高50%，正常续航里程达到600公里，这甚至超过了绝大多数传统汽油车的最大行驶里程。能量密度的问题解决后，磷酸铁锂电池的安全优势和成本优势非常明显，搭载磷酸铁锂电池的新能源汽车不需要补贴价格就可以"接地气"，这势必助推新能源汽车重新爆发！再进一步研究后，我发现比亚迪已经布局了全球最大的磷酸铁锂动力电池产能，待产能全部投产后，将可以覆盖现阶段中国大多数新能源汽车的动力电池供应，未来想象空间巨大。

我大概在比亚迪股价40多元的时候重仓买入。我有一个十几年的老股友群，我买入比亚迪之后天天在群里向大家推荐，从40元一直讲到140元。没想到居然只有两个群友买了，一个50多元买80元就卖了，另一个80多元才买进，真的令人可惜。

作为2020年的热门股，雪球上也经常讨论三四千亿元市值的比亚迪贵不贵。比亚迪的估值虽然不低，但是它有最好的技术，抢占了业内制高点。我终于有机会投资一家伟大的、拥有未来的企业，如果企业发展趋势没变、技术进化没变，那么我希望能永远持有。三千亿元的比亚迪只是起点，我预期会长期持有它，至少会到2022年，我预期企业的利润和业绩会在2022年取得爆发式增长。

---

① 市面新能源汽车的电池主要有磷酸铁锂电池和三元锂电池两大种类，磷酸铁锂电池比三元锂电池更安全，成本更低，也更耐用，但其问题是能量密度不高、续航里程受限，因此一直没有得到大规模商用。

关于投资，那些我走过的弯路

我不是金融科班出身，最开始不懂投资，跟别人学看 K 线图、研究技术面。后来发现，短线完全测不准，盈利几乎不可能。我的朋友中几乎没有人玩短线能赚钱，都是牛市赚一些，熊市全亏回去；而玩长线的朋友很多都赚钱了。于是我抛弃了 K 线操作的方法，回归对企业合理估值与增长趋势的关注。我认为这更有规律可循，通过努力搜集资料、做分析，有七八成概率可以预测准确。

我还吃过投机的亏，我“短赌”过中芯国际港股，赌了 10% 的仓位，结果其回归 A 股后刚开盘股价就下跌很多。好在港股没有跌停限制，我愿赌服输，立即斩仓。这是我损失最大的一次。

我也买过自己没研究明白的股票。洛阳钼业是我卖了中国恒大后买进的，成本不到 2 元，后面碰上钴价疯涨，短时间内洛阳钼业涨到 4.5 元，我没有卖出。之后钴价一路下跌，我持有了三四年，等我 2020 年 1 月清掉的时候，价格只有不到 3 元。这次经历我损失最大的是时间和机会成本。

我坚信的投资哲学：85% 的格雷厄姆 + 15% 的费雪

在投资中读书带给我的能量也是巨大的。2009 年入市后，我执着于了解股市如何运作，怎样才能从里面赚到钱，各种商业模式都是什么样的。于是我翻了很多书，从《国富论》读到《证券分析》和《赢》，学习格雷厄姆、巴菲特、费雪的投资理念。我还听了美国很多知名商学院的名师课程，阅读了各种商业传奇和名人传记，马云、段永平、张磊等我都了解过。能从股市赚到钱，其中有运气的成分，但是也和我喜欢学习有关。

巴菲特将自己成功的原因归结为"85%的格雷厄姆和15%的费雪"，这个总结非常经典。格雷厄姆的价值投资理念众所周知，我最喜欢他的《聪明的投资者》一书，格雷厄姆让我懂得，如果你有信心持有一只好股，你可以什么都不在乎。跌，也不在乎。而费雪是成长股投资策略之父，想投资制造业科技股，成长股的方法论意义重大。费雪关于如何选择成长股的论述有很多，我觉得其核心有三点：一是优秀的管理层要兼顾技术与销售；二是产品同时拥有巨大的市场前景和竞争壁垒；三是要寻找逆向中的转折点并耐心持有。

在两位大师的启发下，我的投资之路走得还算顺利，总收益率按基金的算法来计算，十一年来有十二三倍。因为我有分仓的习惯，一般一次买三只股，经常三只股中只有一只涨得比较多，所以总收益远远不如我认识的很多雪球股友。这十一年的投资我也总结了一些选股的心得，大致如下：

一是管理层一定要好。比如民生银行当时董文标先生的团队应该是银行界最好的，恒大地产许家印先生的执行力惊人，比亚迪的王传福先生本身是科技研发型老板。

二是增长速度一定要快。一定要买处于快速增长期的企业。

三是买价一定不能高。如果买价过高，透支了高增长的业绩预期，万一业绩增速下降，股价就会面临"戴维斯双杀"的风险。

四是商业模式一定要好。这其实就是在说赛道长度、科技含量、毛利、净利、"护城河"之类的概念。

五是持有期一定不能短。对于企业来说，我认为一年干不了什么事，起码三年才能见证一个周期、实现一个计划、兑现企业的投资。

六是首选制造业科技股。除了我初入市第一只股是银行股外，其他都是制造业科技股，如比亚迪、特变电工等。制造业是真正的财富机器，是现代大规模制造文明下的首选。中国的地产也是制造业，我国独特的蜂窝式住宅模式，决定了企业能批量生产、集中制造，这与国外的别墅式个性化住宅的商业模式有着巨大的差别。真正的思想者，不应做“呆会计”，而应该明白其中的道理。

对于普通人而言，除了选对赛道和公司外，我认为最重要的就是看准了敢坚持，要有耐性。一定要有自己合理的时间预期，不要刚买进就想赚，三年左右是最合适的时间。太短了是赌命，太长了看不准，世事变幻太纷繁。

二十余年地产老兵的投资之路

| 朱酒 |

编者语：“70后”的@朱酒曾在房地产行业深耕二十多年，这让他对房地产行业从产品策划到销售执行，再到渠道和企业管理，以及发展战略和财报编制等各个环节都有了深入了解。从个人职业发展层面看，他起步于1996年的一名房地产销售人员，发展到2003年开始带领团队，并在2010年开始参与公司的管理工作。

这看起来顺理成章的职业发展轨迹却在他2009年选择踏足股市时发生了变化。初入股市的他好像并没有得到市场的眷顾，初期基本上都在亏损，但这并没有吓退他进入股市的决心。几年过去，拥有二十余年房地产行业工作经历的他选择成为一名职业投资者。

是什么样的契机让他在房地产行业耕耘二十多年后决定踏足股市？又是什么样的原因让初入股市的他在面临股市的残酷时并没有选择退场？

我职业生涯的“前半生”

我是朱酒，“70后”，职业投资者，以股票为生。在2018年底正式成为职业投资者之前，我一直在房地产行业工作，整整二十三年。

1996 年，我刚进入房地产行业的时候，这还只是一个小行业，很多技术都是我在实践中自己总结摸索的。我从销售入行，后来又做了一段时间房地产广告和营销策划，2003 年开始带领团队进行系统性的市场研究，2010 年之后开始做公司管理工作。从事房地产行业工作的这段时间，我服务过 400 多个项目，从产品策划、客群分析、销售执行和渠道管理，到企业管理、发展战略和财报编制，房地产教会了我太多东西，这些经验和知识在我的投资生涯中起到了至关重要的作用。

踏足股市，摸索中赚到股市的第一桶金

如果不是为了研究宏观经济对房地产的影响，我大概率是不会做投资的。

上大学的时候，我学的是国际经济专业，必修课里就有证券投资这门课程。但当时不知道受哪一位名人的影响，我认为做实业才是正道，所以一直都没有研究过股票。

2007 年，我身边炒股的人越来越多，我也开始有了一定的兴趣。但当时市场太热，很多股票一年涨了好几倍。我虽然对股市研究得不多，但毕竟已经有了十多年的市场经验，就只开了一个模拟仓，让自己保持关注。

2007 年下半年，美国次贷危机爆发，开始对全球经济产生影响。到 2008 年初，我意识到中国的房地产市场也会受到直接冲击，但那时的我对宏观经济和国际经济的认识还不够深刻，出于学习宏观经济的目的，我开了一个黄金交易账户。

最初，我开黄金交易账户而没有开股票账户的原因就是感觉股市已经在下跌了。但后来 2008 年黄金价格也下降了 30% 多，我损失了不少。做

了一年多的黄金交易，我感觉黄金市场还是比较小，不如股市丰富，于是2009年我便正式开户投资股票。

当时一方面是认识到自己的股市经验不足，另一方面是工作繁忙，需要付出大量的时间和精力，所以我最开始在股市里投的资金非常少，还不到半个月的工资。后来虽然也在一点点追加资金，但直到2014年年中，我全部投入的资金也就是当时一两个月的工资。所以最开始入市，即使在大约六年的时间我基本上是在赔钱（总计亏了30%左右，这里有市场连续下跌的影响，但更多的是自己投资经验太少所导致的），但绝对金额并不多，还不如现在持仓几分钟的波动数额。

2014年第四季度，市场开始全面上涨，这时候我第一次追加了比较大的资金，并在经历了2015年大幅下跌之后，取得了当年收益翻倍的成绩。

虽然入市的时候，我没有太接触价值投资的理论，对巴菲特仅仅是知道名字，对其思想基本不太了解，但是长期的实业经验，让我对一些以概念为主的股票潜在地就有很强的抗拒感。2016年元旦后的熔断也让我认识到市场可以如此决绝，“病来如山倒”，但这“病”都是前面过分炒作的结果，是一种必然，一种无法逃脱的必然。从那以后，我更加坚定地相信，投资要想取得长期稳定的收益，就要坚决去赚企业成长的钱，靠概念、靠炒作，甚至靠资金抱团推高的股价，无一例外会在价值回归的过程中“原形毕露”。2020年我把过往买入的股票整理了一下，发现自己一直没有参与过那些题材股的炒作，都是以投资企业基本面较好的股票为主。其间有看错的，但当时的买入动机没错，仍是看中了企业的长期内在价值。

在投资早期，我持有的比较多的是银行股、保险股和家电股。2009年刚开户的时候，我就已经开始买中国平安了，但其间有过进出；到2012年我开始长期持有中国平安，到现在已经持有九年了；2014年第四季度，这些蓝筹股集体大涨，中国平安直接翻倍，这是我入市六年赚到的第一桶金。当年这拨行情，不但让我完全挽回了前面六年的损失，更让我坚定了对投资的信心。如果说前面几年的投资目的是提升我对宏观经济的理解、帮助我在房地产行业的实际工作的话，从 2014 年开始，则是真正把投资当成了一件很严肃的事情，当成了一个可以与本职工作相提并论的生意。

是投资，也是创业

2018 年，我在全国考察市场，做了公司在 5 个城市的前期筹建工作。那一年我飞了近 60 个航班，高铁也乘坐了几十次，我确实对做了二十多年的房地产工作有些审美疲劳了。有的行业费心，有的行业费力，而房地产是既费心又费力，还得时刻做好拼命的准备。而我对投资的热爱却越来越浓，几乎把所有的业余时间都放在了学习投资上，并乐此不疲。

做房地产，我也许还能做上五年、十年，但身体肯定要面临极大的压力；而做投资，是可以一直做到白发苍苍的，只要思维还清晰就能持续做下去。

一次偶然的机会，让我有了顿悟，做投资实质上就是在完成一个创业的过程。把钱投在你认为最有前途的企业上，让最优秀的企业家帮你管理生意，这绝对不是一种冒险，这比自己创业还要安全。当时除了留出几个月的必要生活费之外，我的现金都在股市里。存入银行不如买银行股，买房子不如买房地产股，这是我的财务理念。

2018 年 12 月，我正式辞掉了房地产工作，开始了全新的职业投资者生涯。

我做职业投资者，并不是像很多人想象的那样无所事事，也不像有些人那样桌子上有五六个电脑屏幕，高度紧张地追踪各种行情。我的绝大部分时间是用来学习的，越学就越发现自己不懂的东西太多，我每天用在学习上的时间差不多在12个小时，并不比原来做房地产的工作时间少太多。两年的时间过去，我有了脱胎换骨的感觉，对很多问题的看法已经比两年前提升很多了。世界每天都在变化，学习会是一个贯穿终生的主题。

实业从业经历对我做投资的影响

从实业出发看企业和从股票角度看企业，有时候是很不一样的。在原来的工作中，我经常会参与谈判，里面虚虚实实的东西见得多了，对于这些我在投资的时候会格外小心。二十多年的房地产生涯，我经历了上千次谈判，签订过数千份合同，现在有时候看到一些企业的消息或者公告时，我总能联想到自己经历过的事情。如果用一句话来形容，那就是"投资一定要相信常识"，奇迹要是随便就可以发生，那就不是奇迹了。

2015年上半年，我也曾经买过乐视网的股票，为其伟大的生态梦想而激动。但后来有两件事改变了我对这个企业的看法：一件是老板以把钱借给上市公司为名进行高位套现；另一件是乐视不断地勾画新的美好蓝图，而曾经许诺过的东西却总是无法兑现。七个盖子盖八个碗，早晚会出问题的，这个常识让我躲过了后面乐视的断崖式下跌。

因为我一直战斗在房地产一线，曾经参与过四百多个楼盘的营销工作，服务过市场上大多数头部开发商，所以后来在选股的时候，房地产股我只会选择自己有感性认识的，即使报表和数据再好，没有和这个企业合作过或者没有比较深层次的理解，我是不会买的。这是由我的工作背景决定的，我相信各位投资者也都有自己擅长的领域，这是个人投资者最大的优势之一，应该好好珍惜。

股市过来人的一些建议

第一，做投资，首先要清楚自己的目的是什么。是要跑赢理财，赚取稳定收益来补贴家用，还是要在这里实现财富自由？出发点的不同，决定了操作模式的不同。很多人走着走着，就会忘记自己的初衷，导致很多自相矛盾的操作出现，这是投资的大忌。

第二，不要抱着太高的预期收益目标。股市的长期收益率并不高，绝大多数专业机构拥有顶级的优秀人才、雄厚的财力物力、丰富的市场经验，其长期年化收益率也就是百分之十几。个人投资者目标越高，操作中的风险就会越大。只有量力而行、稳扎稳打，才适合绝大多数人。

第三，要相信价值、相信常识。离钱越近的地方，是非越多。在资本市场中，各种虚妄的东西比比皆是，很容易让投资者利令智昏。不走捷径，专注于企业的内在价值，相信常识，别因为股价的上涨而忽略发展中那些违背规律的东西，这是能不踩“雷”的主要原则。

第四，要严守能力圈，不买自己不懂的股票。我自己买入一只股票，往往需要提前数年的准备。只有在对行业、企业都有了理性和感性的双重认识后，我们才能在大涨或者大跌之后仍然能持有好股票，否则再好的股票也会在波动中被廉价售出，因为你不懂就没有信仰，没有信仰就不会物尽其用。

第五，我建议投资者多研究一些哲学思想。投资是与市场博弈，更是与自己战斗。“胜人者有力，自胜者强。”很多时候决定我们投资成败的，不是企业和市场的变化，而是自己内心的犹豫和躁动。哲学，能让我们有稳定的世界观和系统的方法论，在看不清市场的时候，它就是一盏点亮的灯。

人到中年，“前浪”的青春才刚开始

| 二马由之 |

编者语：这是最好的时代，也是最坏的时代。我们应有尽有，我们一无所有。在时代的洪流中，不停追寻梦想、不断奔涌的“后浪”已成为舞台上最耀眼的人群。面对“后浪”，也曾拥有梦想和青春的“前浪”是否就该感叹时光不再、暗自神伤呢？

本文的主角是一位“前浪”，在通信行业一干就是20年。他于2015年正式入市，5年的复合收益率达到了24%，如今已经成为一名职业投资者。他的故事告诉我们，在这个时代，只要心中有火、眼中有光，年轻就在，希望就在。

2015年：成功“逃顶”，迷雾中前行

我最早接触股票是在1996年。年轻一点的“球友”可能不知道，那个时候买卖股票需要去营业部手写填单，然后排队把单子交到收单人员手里，至于能不能成交，就看缘分了。1997年，亚洲金融危机爆发，A股波动巨大，大盘甚至上演了日内千股跌停又千股涨停的壮观场面。刚入市的我被这个场面吓得不轻，再加上烦琐的交易程序，在往后很多年内，我都

没有往股市投入太多精力。

转折点出现在2014年底。有一次和朋友聊天，他说："现在是牛市，买到就是赚到。国家刚刚提出'一带一路'重大倡议，可以多买点相关股票。"他给我推荐了中国铁建。那段时间股市有多疯狂，经历过的人肯定都记得，我也没有抵制住诱惑，第二天就买了2万元的中国铁建，没想到，很快就收获了4个涨停。

2014年初尝投资甜头，我开始加码股市，陆续买了海康威视、中国重工、科士达、康尼机电、科大讯飞等股票。买入这些股票后，我不是长期持有，而是反复做波段。只要在每次下跌时买入，后续必涨，而且股价持续创新高。在那个疯狂的时期，我的补仓策略十分奏效，随着大盘不断上涨，我的仓位越来越重，收益也飞速增长。当然，随后的故事大家估计也猜到了，2015年5月30日，大盘巨震，A股开始回调，我的浮盈也逐步减少。直到有一天，我发现账户盈利只剩下几万元，当晚我仔细想了一下，第二天选择了清仓。

在清仓的第二天，我又后悔了，随即重仓杀入，算是成功"做了个T"。之后大盘开始反弹，一路反弹到4200点。这时一位朋友跟我说，他觉得反弹差不多了，我想了想觉得挺有道理，就跟他一起清了仓，随后大盘就一路跌到了2850点。在此后大盘涨涨跌跌的过程中，我做了几次"小T"，还算成功，但也没有挣到大钱。到12月31日我盘点了一下，2015年收益率为40%。这个收益率其实不算什么，但没想到超过了大多数人。

回想2015年，我的股票选择几乎都是在追热点，投资与"中国制造2025"、并购重组、"一带一路"重大倡议等热点相关的股票，没有任何过硬的投资逻辑。在买康尼机电时，这只股票PE有40倍，几乎不分红，增长也一般，我凭什么盈利呢？实际上，我当时并没有想明白。

2016 年：初窥价值投资门径

经常有“球友”问我，对你投资影响最大的人是谁，我觉得既不是巴菲特，也不是格雷厄姆，而是雪球上的众多大 V。巴菲特、格雷厄姆距离我太遥远，更多的是学习他们的投资理念；而雪球大 V 就在眼前，人人都有十八般武艺。

2016 年经朋友介绍，我知道了雪球社区，那个时候雪球每天讨论得最热闹的就是银行、地产还有白酒。徜徉在社区里，我逐渐知道了云蒙、闲来兄、邢台草帽、招行谷子地等一干大 V。本着先抄作业、边抄边学的思路，我跟着云蒙和东搏老股民买了兴业银行、招商银行和宁波银行，跟着闲来兄买了康美药业。经历了一年多如饥似渴的学习、吸收后，我慢慢地也开始写一些投资感悟、公司分析，同时也认识了不少志同道合的“球友”，大家经常在雪球上讨论对投资的理解。

除了抄作业买入的股票，2016 年我还沉迷于中小创，押注创业板 B。没想到创业板 B 这一年振荡走低，导致我全年只取得了 10% 的收益。这一年我还犯了一个错误，那就是错失贵州茅台。我在 290 元买入后，其股价迅速拉升，涨到 340 元，我随即卖出。现在看可以说是赚了小钱丢了大利。这一年我的操作，受此前做波段思路的影响，还是以高抛低吸为主。虽然赚了点小钱，但并不容易，总结起来一个字：累！

经过在雪球的学习，我也开始对市场的走势做判断。2016 年虽然注册制还没有来临，但是新股大量发行，准注册制已经到来，我预计中小创的估值会下调。而且沪港通启动后，A 股有港股化的趋势，中小创的黄金时代估计会一去不复返，于是我清仓了手中的中小创股票，准备拥抱大蓝筹。

2017 年：从“做 T”到长持，在风格变换中学习、成长

2017 年，我的操作转变为满仓长持，也有一定的仓位“做 T”。长持的股票有兴业银行、中国平安、平安银行，“做 T”的有贵州茅台、招商银行、宁波银行、大华股份等。“做 T”最成功的是大华股份，13.5 元的成本，在反复“做 T”的情况下，最终在 19.8 元清仓。但是 19.8 元后，大华股份再没给我机会。最失败的操作是招商银行和贵州茅台，卖出后股价才大幅上涨。几次滑铁卢的经历，让我一直在反思，到底是持续“做 T”，还是持股不动？1 月茅台“做飞”，这对我触动比较大，等到大华股份在 19.8 元被“做飞”，我基本就放弃了“做 T”策略，转为满仓长持。

至于我的几个长持股，大部分的收益还不错，但兴业银行有些不理想，全年涨幅不足 10%。偏偏兴业银行又是我的重仓股，最高时占比达到了 50%，影响了我的整体收益。在对它的持股逻辑上，我还是犯了错误。我是按照最低 PE 的思路买的，现在看，低 PE 是有原因的。政策明显持续对兴业银行不利，应该回避的，而且银行股的估值也应该更看重市净率而非市盈率。

2017 年我给自己定的收益率目标是 15%，实际上全年取得了 34% 的收益率，我非常满意。这一年我也意识到，投资时不要太高估自己短期的能力，其实我没有那么厉害；但同时也不要低估自己长期的能力，只要坚持，我还是很不错的！

2018 年：遭遇熊市，调仓换股，播种耕耘

2018 年是我股票投资几年以来最困难的一年，收益率从年初的 8.5%，到 7 月的 -19%，再到 9 月底的 -1%、11 月的 -13%，最终在 12 月遇到较大的回撤，全年收益率为 -20%，业绩非常惨淡。但好在我没有放弃，在大熊市中调仓换股，买入了贵州茅台和五粮液，为 2019 年的收益播种耕耘。

2018 年第三季度，贵州茅台因业绩不及预期和白酒征收消费税的传闻，从 800 元跌到 500 多元，跌幅超过 30%，这个幅度让很多价值投资者的信仰都跟着破灭了。通过长期对贵州茅台的深度追踪，我预测贵州茅台中短期内产能会有明显增加，长期扩产也是可期的。它的产品依然供不应求，具备较大提价空间，未来增长的确定性极大，500 多元的价格非常合适，所以我果断抄底，逐步加仓。

贵州茅台的巨震，也给了我介入优质白酒股的好机会。五粮液高端酒产量在过去几年提升很快，我预判 2018—2019 年它的业绩会有高速增长，因为它的销量能提升 15% ~20%，改包装提价还有 10% 的空间，但当时 PE 不足 15 倍。我从 59 元开始介入，一路买到 46 元。

除了调整持仓，2018 年我在雪球也变得活跃起来，开始经常发帖分析企业、总结投资理念、谈交易系统，频繁与“球友”交流。从 11 月开始，我基本保持每天一篇文章的节奏，梳理自己的投资思路，投资框架一步步清晰。

2019 年：投资是最好的修行

2019 年，我的整体收益率达到了 81%，我非常满意。这一年我的持仓以“四大金刚”为主，即中国平安、贵州茅台、平安银行和五粮液。2019 年我也延续了 2018 年底在雪球上的节奏，更加密集地写作，一整年下来，一共写了上百篇长文。持续的写作既让我的投资理念及股票操作系统更加丰富、完善，也让我对做投资有更深刻的感悟。

做好股票投资，需要足够的学识，要求之高甚至不亚于在名校读研究生：不仅需要了解会计学、金融学的专业知识，阅读《证券分析》《聪明的投资者》《巴菲特之道》等经典著作，钻研各行各业，还要对国家大事有正确的认知。要学好这些，需要努力努力再努力，才能超越市场上大多数的普通人。但是投资和其他职业还有一个很大的不同，投资在知识、技能之外，还需要好的性格。作为一个投资者，必须是理性、开放、勇敢、耐心的，需要有质疑精神及自信心。要虚心面对不会的知识，要乐于分享，在大跌时要敢于买入，在行情火爆时要敢于卖出。

要做好投资，这些都是我必经的修行。如果我通过股票挣钱了，能否修成正果我并不知道，但至少证明我已经是一个历经专业知识和个性考验的好人了。

2020 年：辞职

2019 年我经常和家人说，我现在在做三份工作：打工、炒股、自媒体。我希望在那之后一两年，我可以只做两件事，即炒股和自媒体。到2020年，投资已经成为我生活中最重要的部分，我决定辞掉工作，全职做投资。有朋友问我："你不工作了干啥？作为价值投资者，你的日常会不会太无聊了？"我认为不会，我现在把大量的时间花在自媒体上，一方面这是我的兴趣所在；而另一方面，我的文章不是为了写而写，它是我对投资的思考、对企业研究的输出，和我的投资联系紧密。价值投资者的日常不是买了股票就把它放在那里，当我把投资作为家庭收入的主要来源时，我必须花足够的时间去分析、研究，而自媒体恰好和股票分析完美结合。不仅如此，在研究股票的同时，我把研究结果分析出来，还可以和股友一起去探讨、交流，进一步验证我的投资逻辑。

当然，做一个全职投资者也不容易，出来做投资相当于自己开了一家公司，自己做老板，任何的决策失误都需要自己埋单。要说全职没有压力，那是不可能的，但是我还是很乐观的。无论闯职场还是做投资，都不是容易的事，都没有捷径。但相比职场，做投资可以让我通过自己的努力更真实地表达自我，让我通过自己的奋斗不再随波逐流，这是我追求的人生目标。

我非常感谢投资带给我的"另一个选择"。我也曾经彷徨过、无助过，年轻的时候由于经济的压力，工作上的选择更多的是去追求一份体面的收入。而等到有了一定的资金和人生阅历，终于可以更自由地选择生活方式时，却不知道自己要什么，不知道接下来该怎么发展。我比较幸运，我遇见了投资，透过这扇窗看到一个全新的世界。前一段时间有个热门话题，说的是"为什么很多人到了中年开始炒股了"，这个问题听上去有点扎心，仿佛我们中年人就没有选择了。实际上，中年人在炒股上是有很多天然优势的，比如人更成熟稳重、本金相对多、人生及工作经验丰富。稳重，就不会追求不切实际的收益；本金多，一年10%的回报率，就能带来不少绝对收益；丰富的人生及工作经验可以让自己在投资时更快认清公司本质，少走些弯路。

但我不是鼓励中年人都去炒股，毕竟不是所有人都适合。对我而言，选择投资是选择了我最理想的生活方式。对于很多跟我一样在职场拼搏多年，曾经对生活感到迷茫、无助、纠结的中年人，我想说的是：我们不要妄自菲薄，我们刚经历了21世纪的第二个十年，中国在互联网革命中走在了世界的前面，几百年过去了，中国再一次引领了一个时代。其实我们很年轻，我们活在最好的时代，享受着中国巨大的人口红利、流量红利；我们拥有宝贵而丰富的人生经历，对事物有更成熟、敏锐的认知；我们经历过苦、经历过痛、经历过欢笑，这些都是我们战斗中的力量源泉。我的前老板，45岁才从公司出来创业，当时很多人都不理解，但他坚持不懈，用了25年时间，把一家企业从零开始一路做到了世界500强。

虽然我们被称为“前浪”，但我们不是甘心被拍在沙滩上的前浪。我们的青春才刚开始，时代的洪流在推动、在席卷我们前进，我们会披荆斩棘、勇往直前！

奔涌吧，前浪！

拒绝宿命

投资是黑暗中的一束光

他们可能身患痼疾无法外出工作，也可能从事着一些看上去不那么光鲜的社会基础性劳动。投资使他们实现阶层跨越，甚至是“此生改变命运的唯一机会”。他们自己说，“是投资选择了我”。

投资，是我生命的救赎

| 躺赢君 |

编者语：这是一个颇为励志的投资故事，故事的主人公是@躺赢君。因为特殊的身体原因，躺赢君不能去公司上班、99%的运动没法做、不能干任何稍重一点的体力活，顽疾带给他的是十几年炼狱般的生活，是投资拯救了他。

命中注定的投资缘

我是一个自由职业者，日常工作就是做投资和写财经专栏文章。走上投资这条路，仿佛从我3岁时起，就冥冥中注定了。

3岁时父母很忙，白天都要上班，没法在家照顾我，于是经常把我一个人放在家里。为了防止3岁的我做出一些危险的举动，他们每天上班之前，就会把电视调到滚动播放股价的频道。我每天能对着这些红红绿绿的数字，安安静静地坐上一天。如果电视上连续很长一段时间出现大片的红色，我还会打电话给我爸，激动地告诉他，他买的股票又涨了。3岁的我，好像天生就被这些红红绿绿、跳动的数字吸引着。在我此后的成长中，股市仿佛一直在前方引导着我。

我的父母都是会计。他们从我很小的时候就开始教我怎么计算银行存款的利息，以及资产、负债、利润这些基本的财务知识。我爸是中国最早的一批股民，经常给我讲巴菲特投资可口可乐的故事。记得曾经有一段时间，央视财经频道的嘉宾张昕帆在讲茅台的投资价值时，拿茅台对比巴菲特投资的可口可乐。

那段时间我爸天天给我讲这个故事，告诉我茅台就是未来中国的可口可乐。然而他是个天生的“赌徒”，赌技还非常差。他是一股茅台都没有买。而我至今都记得我爸当年买过的股票：琼民源（被中关村借壳）、琼海虹（现名为国新健康）、新大洲（现名为*ST大洲）。稍微懂点中国股市历史的朋友都应该知道，这些股票后来下场有多惨。

小时候，为了股票的事爸妈经常吵架。等到我长大一些，明白一些事理之后，我心底就暗暗发誓，以后一定要把我爸从股市里亏掉的钱挣回来。而我的人生理想，也从“成为一个科学家”，变成了“成为一个像巴菲特那样的投资大师”，巴菲特成了我的偶像。而那时身边同学的偶像大都还是周杰伦或是林俊杰。

从小学起，我就很努力地学习，为的就是考上全国最好的金融系。清华北大不敢想，但我想去北京，所以我的目标是人大和中央财经。

造化弄人，是投资拯救了我

故事的开头似乎还挺顺利，我以优异的成绩考上了全省最好的初中和高中。然而命运总是爱和我们开玩笑，总是先给你一点甜头，让你以为一切都好的时候，再变本加厉地从你手里夺走一切。

刚考上重点高中的第一周，我就突发重病，从此开始了我这十几年地狱般的生活。

我的右眼突然失明，而为了抢救这只眼睛，我做了很多次手术，用了大量的药物，身体的整个免疫系统被彻底破坏，导致出现严重的过敏反应，以至于之后的我全身溃烂，每天身体渗出的脓水甚至可以装满一个水桶，而可笑的是眼睛也没抢救过来。在之后人生的十几年中，我就再也没有睡过一个好觉，不敢见人，甚至看到镜子里的自己都想吐。

我休学了两年，即使是在学校也因为病痛而经常请假，根本没法学习，自然也就没能考上我梦想中的大学，而是调剂去了别的学校。刚上大学的时候我是绝望的。学的是自己不喜欢的专业，身体又这副样子，我觉得自己这一生都完了。我其实从小身体就不太好，性格也孤僻。我一直努力学习，既是为了去最好的金融系，也是想证明自己存在的价值。

而这一切在当时都显得那么可笑。我爆发了严重的存在主义危机，不知道自己为何存在，不知道人生的意义在哪。我一度进入轻度的抑郁症状态，偶尔会想到就这样离开这个世界算了。我天天逃课、打游戏、成绩亮红灯，逃避这个世界，连老师都劝我退学算了。

谁知股市之神并没有抛弃我，他让爱情之神带我去见他。

我恋爱了。我当时的女朋友学习成绩特别好，她在本专业之外还多修了一个投资经济学的学位。另修的课程都是周末上，为了陪她，我时常和她一起去上课。我读的这所大学金融系还不错，经济系的老师们也都非常棒。这让我重新燃起了对投资、金融和经济学浓浓的兴趣。更何况，我这样一个自暴自弃的丑八怪，居然有这么好看、这么优秀的女孩喜欢，愿意和我在一起，我怎能不努力上进以回报这份青睐？

我每节课都跟着女朋友去上，甚至比她还积极，有时候她偷懒不想去，我还去帮她签到。我不再觉得人生黑暗，不再觉得自己的人生和投资无缘。我开始疯狂找各种相关的书来看。当时老师推荐的《证券分析》《动物精神》等书都让我觉得如获至宝。然后我又把图书馆里排行榜靠前的投资类书籍全部借来看，包括《彼得・林奇的成功投资》《巴菲特之道》，等等。同时我还自学了会计、证券市场和基金相关的基础知识，并考取了证券从业资格证。

人一旦有了盼头，生活也就没那么难熬了。那段时间是我人生里为数不多的开心时光。然而命运之神再次降临，他总是在我以为没事了之后，再次把一切美好夺走，仿佛在无情地嘲弄我的人生。

到了大三，也就是和当时的女友在一起一年之后，我另一只眼睛也突然发病，视力骤然下降，朝着失明的方向发展，同时身体免疫系统的情况也在恶化。我不得不为了寻医看病频繁往来北京和广州，而倔强的我还想着要完成学业。身体状况不断恶化，家里的积蓄不断消耗，因为要一直照顾我的身体和我因病痛产生的恶劣情绪，我身边的人全部身心俱疲，包括我的父母和当时的女友。

后来毕业了，我的情况依然没有任何好转。我没办法去公司上班，只能待在家里养病，和女朋友也因此变成了异地恋。

那段时间是我内心最迷茫的时期。我每天都在思考我到底是谁，我为什么要活在这个世界，我到底能做什么，我活着的价值在哪里。我每天都会看很多与哲学、心理学、自我成长相关的书，然而无一能给我答案。我每天都在虚无和焦虑中度过。

后来，还是投资拯救了我。爸妈看到我这种颓废的状态，说不如给我点钱炒炒股吧。

当时是 2014 年 9 月，正值那轮牛市启动的前期。事后想来我是非常幸运的。如果不是有这么支持我、给我提供初始资金的爸妈，如果不是在

2014 年入市而是在 2015 年 4 月以后入市，可能我的投资之路将会曲折无比，甚至可能从此和投资无缘。

投资之神还是眷顾我的。有了股市这个寄托，我每天的生活就像有了着落。我每天都沉迷于研究各种公司、大师的投资方法等关于投资的方方面面。

刚开始的时候，我发现很多学到的东西实际操作起来并不是那么回事，也干过炒概念、追题材、追涨杀跌、夜不能寐的傻事。但这一切好歹让我的生活有了寄托，不至于在迷茫和痛苦中继续沉沦。在这个过程中，或许是牛市给我的幻觉，我意识到我对投资这件事有一定的悟性。

首先是关于商业、资本市场的一切都让我着迷，我对此有着浓浓的兴趣。其次，可能是因为从小在父母的财商教育中耳濡目染，很多相关的知识我学起来特别快。这点我在高中时期就感受到了。当时在学政治经济学，说到货币、通货膨胀、中央银行这些概念的时候，我觉得特别有趣，而很多同学都不知道那是在说什么。

到了 2015 年，托股市之神的福，我没在那次大幅下跌中损失多少，到了年底甚至还盈利颇丰。但当时股市的持续大幅下跌还是让我心有余悸，我担心以自己的投资水平，是没法在股市里长期盈利的。而就在那时，我遇到了投资路上最重要的导师——雪球大 V@ 骑行夜幕的统计客（我称呼他为“骑大”）。他用翔实的数据、严密的逻辑及强大的人格魅力让我知道：A 股是世界上最好的股票市场之一，是普通人能够赚钱的地方，如果在 A 股你都赚不到钱，去港股、美股也只有被收割的份；还有更重要的——年纪轻轻不要轻易绝望。

当时我大学时的女友考研失败，到了一家量化基金公司工作。我们异地恋已经有一年的时间了，她因为新工作迫切需要学习，而我已经入市一年，看起来很有经验的样子，所以投资和股市自然而然成了我们每天的话题。我们还一起参加了几期骑大的投资训练营。可以说之前是爱情拯救了投资，这次是投资拯救了爱情。有了爱情和陪伴，学习投资的路上又多了几分乐趣和动力。

后来就是2016年的熔断。这是我投资生涯中最大的危机。我刚开始不相信救市会成功，等到2015年底看到救市取得了一定成果后才在3700点的高位重仓入市。随后的事情大家可能都知道了。2016年初的熔断，让我3天账户总资产缩水26%。

当时的我整个人都被打蒙了，甚至已经不想去总结自己的错误，觉得都跌那么多了，再做什么都晚了。我退出账户，不再去想这件事情。而偏偏就是那段时间，女朋友和我分手了。就在我买了机票准备去看她的时候，她告诉我她和别的男生在一起了。因为异地，感情渐渐淡去，而这些年来我的消极状态以及她和一个病人在一起的身心俱疲，让她终于选择了身边的温暖。

市场和情场的双重打击令我晕头转向。那段日子我每天都浑浑噩噩地度过，看网络游戏直播，游走于各种喧嚣的社交场合，只想着麻痹自己，逃开这一切，仿佛一具行尸走肉。然而对于“房间里的大象”①，我终究没法装作视而不见。我只能忍着自责、羞愧，甚至是对自己的愤怒去面对这些事情。

最后，是投资再一次拯救了我。我把精力全投入股市，每天不是看财报、读研报，就是做数据模型、思考公司的商业模式。我继续跟着骑大学习，同时结合实践，我总结了自己在仓位管理、交易纪律及选股上存在的

---

① 房间里的大象：指显而易见却被故意忽视的问题。

问题，初步形成了自己的交易体系。在随后的2017年，我取得了非常好的收益，也以微亏平稳度过了“大熊”的2018年。而且我开始意识到，在这两年获得的不错的结果里，运气成分相比之前少了很多。

回想之前的那段日子，我都不知道自己是怎么过来的。但我想：这么艰难我都过来了，或许股市就是我命中注定要与之相伴一生的地方？或许就是命运安排我要吃投资这碗饭？而且失恋之后，我发现我并没有伤心很久，把更多的精力投入投资之后，我很快就忘记了伤痛。都说爱上另一个人是忘记一个人最好的方法，或许投资才是我的真爱吧。

我的投资体系进化史

回想过去这些年做投资的经历，我的投资体系经历了几个阶段的演化。

最开始是乱炒，也就是所谓的听消息，跟风炒题材。到后来跟对导师之后，我用的是一套“捡烟蒂”的体系，核心是“低估分散＋中线业绩爆发”。那时我每天都在找处于历史低估区间的公司，研究资产负债表；每个季度等着公司一批批公布业绩，找那些业绩爆发的股票，研究上市公司公告；找那些内部人士大笔增持的公司，研究政策新闻；找中期有政策利好的公司，同时用止盈和止损的交易纪律保护自己……总之就是不断通过基本面、消息面、政策面、资金面、技术面这“五碗面”，找一家家公司进行中短线投资，有点类似于大家常说的“价值投机”。这样操作下来，每年收益虽然还算不错，但人特别累。我每天都要盯各种消息、公告、新闻、政策、行业、公司，同时不断在换股。这样不论是从研究角度还是从资金角度来说，都是比较低效的。一家公司研究了很长时间，结果也持有不了多久。资金卖出后总要找个什么买入，因为现金就意味着被通货膨胀侵蚀。而且因为研究不够深入，股市里总体来说又是垃圾股和平庸的股票多过好股票，所以总是买到差公司，还要不断忧心卖出的事，经常止损，止损后又想着要买啥。那时我每天都特别焦虑，感觉信息严重过载，心态特别差。为了投资，感觉生活被毁了。

为了改变这一点，我逐渐走向现在的“指数基金 + 自己喜欢的公司”这一体系。一方面，既然要低估分散不深研，那不如买指数基金，否则天天累死累活研究股票，最后未必能比指数基金收益高多少，风险还大。毕竟 A 股是个牛熊分明的股市，且“牛短熊长”。而指数基金，只要你能做到低估区间买入、高估区间卖出，加上股市长期上涨，市场整体的收益你大概率是可以赚到的。同时，我会买几家自己喜欢的、深度研究过的公司。这些一般是我生活中就非常喜欢它家产品、对其创始人信任，同时对其有很多报表和机构调研报告之外的感性认知的那类公司。

比如我最成功的两个投资案例：2017 年中开始投资中国国旅和 2019 年底开始投资腾讯（并持有至今，成为我眼下最重仓的两只股票）。中国国旅旗下的免税店我平时就特别喜欢逛，也看周围的朋友疯狂抢购它们家的产品。而我从小几乎就是泡在腾讯的产品里长大的，可以说我的前一半人生都是被腾讯的产品填满的。以马化腾为首的创始团队也特别能干，我特别看好。这样的公司，一是我平时就非常关注，研究得非常充分；二是我天天都在用它们家产品；三是要么创始人足够优秀，我很信任，要么模式简单，谁都能经营好，投资它们当然就更容易赚钱，遇到波动也更能拿得住，也知道出现什么情况该怎么应对。而那些我不懂的公司和行业的钱，我就靠指数基金去赚取平均收益。

这样几年下来，收益并不比之前信息过载、疯狂换股时期的收益差，还能有更多的时间和精力去做自己喜欢的事情，心态也更好，不会为股市的涨跌和每天的各种消息搞得身心俱疲。

我的一点投资感悟

其实投资不用懂很多，每个人的时间、经历、能力都有限，也不可能懂很多。只要专注在自己喜欢的少数公司上，就已经可以取得非常不错的收益了。这就是专注的力量。而专注恰恰是我认为对投资来说最重要的品质。

我因为身体的原因，很多事情没法去做：不能去公司上班，99%的运动没法做，不能干任何稍重一点的体力活，晚上没人陪着不能出门，大部分我喜欢吃的东西我都不能吃……

2018年，我仅存的一只眼睛又动了一次大手术，只保住了一点微弱的视力。这就使我没法看很多信息，自然没法研究很多公司，反而能把少数几家公司看得很透，同时能更专注在那些模式简单且几乎不用看财报、公告的公司上。这样反而少了很多诱惑，我能专注在投资这件事上，专注于阅读、思考、决策。

总结下来，我的投资体系就一句话：低估分散，保持专注，和自己喜欢的东西在一起。

这几年投资下来我最深的感触就是：投资是为了更好的生活，为投资把生活搞得一团糟，是本末倒置。

而在我人生很多个关键节点，都是投资拯救了我。

如果没有投资，我的注意力可能就会集中在病痛和自己不顺的境遇不能自拔；如果没有投资，我就会觉得自己没有任何事情可以做好，是一个废物；如果没有投资，我可能会怨天尤人，每天都伤害身边爱我的人，或者在直播、游戏之类的东西里沉沦过一生。

与其说是我选择了投资，不如说是投资选择了我。

因为投资，我知道了芒格，听到了芒格的故事，它激励着现在的我。我也把这个故事分享给你：2010 年，一次意外事故导致芒格仅存的右眼丧失了 90% 的视力，几乎双目失明。86 岁遇到这样的事，普通人也就接受现实了，但芒格无论顺境、逆境，始终积极应对。他尝试过几种阅读机器，甚至一度考虑学习盲文。后来很幸运，他的右眼又恢复了 70% 的视力。

希望已经入市或者即将入市的你，像芒格一样，永远乐观，永远好奇，把自己的生活过好。因为说到底，投资不过是我们人生的投影。

你是怎样的人，就会怎样去做投资；而你怎样做投资，又会反过来塑造你这个人。

祝投资顺利，生活愉快！

从地狱到天堂，我路过股市

| 玉山落雨 |

编者语：如果你爱一个人，就让他去炒股，因为股市是天堂；如果你恨一个人，就让他去炒股，因为股市是地狱。本文的故事主角在投资路上已经走了24年。他出生于偏僻地区一个贫困农村家庭，在1982年，好不容易在千军万马般的竞争中考上大学，却因为身体原因被退学，失去了“跳出农门”的机会。但他在短暂的意志消沉后振作，并最终走上了投资之路。也是这段艰难而复杂的经历让他成长，在投资生涯中，他不论是遇到想到的或想不到的无数困难，还是遇到叫人痛不欲生的漫漫熊市，他都会在心里问自己：这挫折比起当年学业上遇到的打击，是不是不值一提？因为没有放弃，所以创造奇迹，在20余年的投资生涯中，他始终坚持价值投资理念，已取得了超过70倍的收益。他就是@玉山落雨。

青少年时期艰难复杂的经历，坚定了我做投资的决心

我出生于安徽偏僻地区一个农村家庭，由于村里土地贫瘠、人心不和，家里兄弟姐妹众多，家庭贫困的程度可想而知。我的小学和初中都是在村里读的，教室简陋，师资力量差，初中的数学和物理老师也是初中

生，自己没考上高中，转过头来教我们。我们的村叫草西村，当时村里人有句口头禅，“宁在家放三年猪，不在草西读三年书”。不仅如此，放学回家以及星期天，我们还要帮忙干农活。好不容易考上高中后，教学条件、师资力量都有了很大的改善，我的学习成绩也突飞猛进，总分始终是文科班级第一名。

我的成绩虽好，但生活条件艰苦。平时住在学校，吃饭的米是家里带的，中午、晚上的菜是 2 分钱的青菜汤，从没吃过一顿 1 角钱一份的炒菜，更别说肉了。为了节省车票钱，每半个月放假的时候，我常常走路回到 20 公里以外的家。即使这样，这部分钱也来之不易。每次回家后，母亲总会拖着疲惫的身子，扛着几十斤米去集镇上卖，换回几元钱让我带着作为半个月的生活费。

成绩优秀、老师喜欢、预选通过（当年必须通过学校预选才能参加高考），离高考还剩下 1 个月时间，一切顺风顺水。鲤鱼跳龙门、决定一生命运的时刻越来越近了，没承想第一次厄运先来了。预选后没过几天，晚上我突然觉得胸部剧痛，被送去小诊所后，医生诊断为胸膜炎。虽然吃药后不疼了，但从此以后我整天头昏脑涨，根本不能看书，那时候我简直心急如焚。关键的时刻还是到了，虽然接近 1 个月没有看书学习，但我仍然艰难地参加了 1982 年的应届高考，并顺利地考上了大学。真的不容易，我们一个学校，除了复读生外，只考上了两个，并且巧合的是，两人的分数一样高。当年接到录取通知书的那一刻，我们全家是多么兴奋，多么自豪。

新生报到的那一天，父亲挑着行李送我到镇上，然后坐车再送我到学校。我那订娃娃亲的女友煮了不少鸡蛋，送我到村口。那时候我们学校的学费、书本费只有 20 元，每个月还发给我们 30 元的生活费，生活条件比高中时代不知好了多少倍。军训、上课，一切按部就班，身体也在慢慢恢复，毕业后还包分配工作，似乎美好的生活就在前面。

快乐的日子过了不到3个月，厄运再一次来临。在学校组织的新生入学体检中，我被检查出不合格，并被定性为在高考体检中弄虚作假（高考体检我是合格的）。接到退学通知书的那一刻，对我来讲犹如晴空霹雳。如今随着大学生数量的增加，人们很难想象在当年这意味着什么：这意味着十年寒窗的努力付之东流，我被挡在了大学校门之外；意味着我好不容易跳出“农门”，现在又回到了原点；意味着从农村户口转城镇户口后又转回农村户口；意味着我要回老家种地，或者去建筑工地搬砖。

总之，我奋斗得来的美好人生将要被改写。难忘年轻的辅导员送我回家的情景，难忘同学们捐款、捐粮票的真情，回家之路虽然很漫长、很漫长，但我还是回来了。家虽穷，但很温暖。回家之后，面对巨大的心理落差，面对左邻右舍的窃窃私语，面对娃娃亲女友的冷落，我一度意志消沉。但在父母、家人及老师、同学们的鼓励下，我很快振作，在调养身体的同时，帮助家人做一些力所能及的农活，并重新拿起了书本，还一度想通过刻苦学习成为作家。

感谢改革开放政策，让我们农村人除了种地和泥瓦工外，有了更多的选择。在家休息大半年后，我开始出去找工作，先后在镇上的石矿做过炊事员、在村里小学做过代课老师、在乡政府做过办事员。1984年，机缘巧合，我来到中国核建下属的华兴公司从事管理工作，这一干就是13年。

青少年时期这段艰难而复杂的经历，除了让我长了不少见识外，更对我以后的投资之路帮助很大。

误打误撞入市，却收获人生第一桶金

我进入股市其实有点偶然。1996 年的夏天，当时我还在央企中国核建工作，有一天，我和公司老总一起乘车外出，路上闲谈中，老总说他的爱人炒股赚了不少钱。说者无心，听者有意，从不关心股市的我，从此留意起了股市。

那年的秋天，中国股市热火朝天，赚钱的神话一个接一个。终于我也禁不住诱惑，在连股市基础知识也不懂的情况下，冒冒失失用少量资金开始试水，买的第一只股票是当时最便宜的马钢股份，其后也是凭感觉频繁买卖。

当时的市场热衷于炒垃圾股，我也如愿赚了一点小钱。但很快转折来了，1996 年 12 月，管理层为遏制市场疯狂投机，采取了一系列措施，其中最著名的是实行涨跌停板制度。同时，《人民日报》头版头条发表文章《正确认识当前股市》。大盘几乎遭遇三个跌停板，我的获利丧失殆尽，在亏损三分之一本金后斩仓出局。

毕竟亏的是自己的血汗钱，这件事过后，痛定思痛，我思考了很久：怎样才能找到在股市中稳定赚钱的模式？今后股市投资之路怎么走？

这时，巴菲特，这样一个带有传奇色彩的名字开始传入中国。那时虽然有人在谈论巴菲特价值投资的神奇，但相对来说他的投资理念还是个小众的舶来品，至于什么是价值投资，大家普遍觉得投资绩优股就是价值投资。

其实，就这点来说也神奇，投资确实需要一点点运气加天赋。我当年连价值投资的皮毛都不懂，却被偶然听到的巴菲特的投资故事吸引。于是，我开始去了解巴菲特。了解了他早年投资的经典案例之后，我被深深折服，明白了找一个好行业、寻一家好公司的重要性，并认定价值投资是我今后的投资风格。我为自己立下了“只投资绩优股，不炒垃圾股”的规矩。

1997 年春节过后，我又进入股市，并按自己只买绩优股的规矩，全仓买入四川长虹、新大洲、苏物贸（已改名创元科技）三只股票。

四川长虹自不必说，业绩优良，不断提高自己的市场占有率，是当年如日中天的绩优股，当年形容四川长虹最流行的口号是：什么时候买入都是对的，什么时候卖出都是错的。新大洲正赶上当年中国摩托车的大发展，业绩优，成长性好。苏物贸当年优良的业绩主要来源于股市投资，不具有可持续性，买这样的股票与价值投资的理念其实相差十万八千里。

现在回过头来看，我最开始的价值投资是朦胧的、幼稚的，但其实也是正常的，投资就是一步一步在错误和幼稚中完善自己的。幸运的是，1997 年春季牛市行情下，绩优股大热，四川长虹、新大洲和苏物贸这三只股票在这次牛市行情中都有很大的涨幅。我个人也及时获利了结，收获了人生的第一桶金。

辞职离开央企，成为职业股民

在经历了 1997 年牛市的大获全胜并拥有了人生第一桶金后，我开始思考，相比工作，自己是不是更适合全身心去做投资。这个时候，我面对人生一次重大抉择：具有强烈不确定性的股海和央企待遇优厚的铁饭碗，怎么选择？我那时在公司有个一官半职，工资加年终奖一年有 3 万元，在那个年代算得上是高收入。但说实话，我不喜欢那份工作。我负责的部门主要有两个职责：一是与外界打交道，迎来送往，我性格内向，做起来很吃力；二是预结算，与枯燥的数字打交道，我更不喜欢。于是我最终选择了辞职，做起了职业股民。

至今我都很难说，离开那个前途光明的位于上海的央企，是否真的是正确的选择。不过毕竟因为这个选择，我从此有了不看别人脸色、无拘无束的自由生活。1998 年以后，国内传统企业经营效益下滑，在美国纳斯达克科技股不断走强的启发下，我开始关注科技领域，并订阅了相关报纸杂志，努力学习。

初尝价值投资的甜头后，1999 年初我选择了计算机和通信行业中业绩优良、成长性良好的清华同方（今日的同方股份）和中兴通讯重仓买入。这两只股票在著名的“5·19”行情及接下来的小牛市中大放异彩，我记得“5·19”行情的最后阶段，清华同方有连续 7 个涨停板，同时，中兴通讯有连续 5 个涨停板，这是我投资历史上难以忘怀的时刻。

其实对巴菲特有所了解的人都知道，即便这两年他对科技股的认识和评价有所改观，总体来讲他还是慎投科技股的。

由于行业中存在巨大的不确定性，科技企业很难基业长青。科技领域类似腾讯、阿里巴巴这样的常青树太少了，大多只是“各领风骚三五年”。事实证明，如今 10 多年过去了，清华同方逐渐沦落，中兴通讯多年增收不增利。2001—2005 年的 A 股是个超级大熊市，习惯于投机垃圾股和小盘股的投资者付出了巨大的代价。身边的许多股友忍受不了资产天天缩水，悲伤地离开了股市，倒在了黎明前。

畅达时，人容易张狂，普通人很难做到冷眼看尽繁华。在牛市的顺境中，人们眼中看到的只有增长的数字，而忘记去思考自己的投资逻辑，这样很容易让人将偶然的成功当作必然。因而，熊市往往能让人学到更多。

在这个熊市期间，我对价值投资有了更进一步的了解，不炒题材股，不买高市盈率小盘股，持有的深赤湾、国阳新能（今日的阳泉煤业）、中远航运（今日的中远海特）、招商银行几只股票，由于估值不高，又处于景气周期底部，在熊市中逆势小幅上涨。其中重仓的招商银行表现更是亮眼，在这几年中，连续跑赢大盘。正是这些优质股票，使我顺利地熬过了熊市，以正收益迎来了2006—2007年的大牛市。

略微有些遗憾的是，2006年开始的那轮大牛市中，在上证4000点不到、市场刚刚出现泡沫时我就清仓离场了。其实本质上，那时就是对周期和估值的认知还有所欠缺，火候把握还不够。

而接下来，就是我投资生涯中教训深刻的一年，2008年。

几经牛熊洗礼，坚定价值投资理念

2008年上半年，我是空仓的。在年中上证指数跌回3000点时，我重新进入市场，重仓买入当时大幅下跌但是业绩优良、处于高速成长期的以招商银行为首的银行股。

当大洋彼岸的美国传来发生次贷危机的消息时，我对此毫无经验，对后果预估不足，持有的银行股又是那次危机的重灾区，因此最大回撤一度超过60%。这是僵化教条地运用价值投资的教训，也是我投资股票24年来最失败的案例。

2011—2015年是价值投资者的郁闷时光，市场风行炒小、炒差、炒新，谁看基本面谁就输在了起跑线上，极具投资价值的蓝筹白马股成了"大烂臭"。我记得当时国内著名的价投基金经理李驰，在他的作品《投资是一场长途旅行》中，提到这段郁闷时光。所以那几年他基本上直接放弃看盘，在世界各地旅行，成了中国股票界一位优秀的旅行家。

但股票从长期看，一定是“称重机”①。创业板被炒到骇人听闻的150倍市盈率，最终酿成了2015年年中的大幅下跌，投机者再次被狠狠地教育了一次。经过几次牛熊洗礼，我对价值投资有了更进一步的认识。在全民投机的那几年，我杜绝市场诱惑，买入的是以中国平安、招商银行、贵州茅台、五粮液为主的优秀公司股票，同时辅以港股、B股市场中估值合理的中小盘股。那几年，这四只股票由于流通市值大，倍受市场冷落。在2010—2013年，我的盈利主要来自港股和B股。

2016年以后，市场通过对2015年的反思，逐渐回归理性，以中国平安、招商银行、贵州茅台、五粮液为首的蓝筹股纷纷展开价值回归之旅。说起贵州茅台，不得不重点说一下我这几年对贵州茅台的投资。2015年年中，当A股进入疯狂阶段，我预感到大盘即将见顶，于是清仓了绝大部分股票，包括并不高估的贵州茅台。现在看来，当初的决定并没有错，因为每当大盘见顶的时候，都会“泥沙俱下”，我们完全可以利用大盘的顶部，做一次大波段的高抛低吸。但我错在大盘暴跌后，没有把贵州茅台及时买回来，这是我近几年投资中的重大失误。

2018年，因为中美贸易产生摩擦，A股经历了长时间的熊市，贵州茅台也一路下跌。特别是贵州茅台公布不如市场预期的三季报的当天就跌停了，第二天继续低开，当时我是兴奋的，我知道重新买入贵州茅台的机会来了。我认真分析了三季报，我认为之所以三季报不如预期，主要是上一年三季报的基数比较高，造成了利润增速放缓的假象。于是我在当天收市

① 语出格雷厄姆，“短期看，股票市场是投票机；长期看，它是称重机”。意思是股价短期而言受市场情绪影响，但长期来看由企业内在价值决定。

前卖出了其他不少股票，准备好了资金，第二天一开盘集合竞价的时候，我就重仓买入了贵州茅台，完成了自己再次重仓贵州茅台的心愿，这是我近几年最成功的投资，这段经历对我的投资生涯影响很大。如今贵州茅台股价翻了两番多，但我依然选择持有。

守正出奇为风格，耐心持有好公司

2017 年下半年以后，通过不断的学习完善，以及 20 多年的探索，我逐渐形成了目前的投资风格。简单地说就是四个字：守正出奇。守正出奇，本是指按照常规发展，却又不固守陈规，能突破思维局限、出奇制胜。应用在股市投资中，所谓守正，就是胜率优先，兼顾赔率，主要仓位力求稳健，拥抱优秀、伟大的公司，与它们一同成长；所谓出奇，就是所投资标的胜率尚可，虽有一定的不确定性，但我们可以基于高赔率买入，属于弹性较大的“奇兵”，这部分仓位为次要仓位。但无论是守正还是出奇，我都坚定投资优秀的企业。这么多年投资实践中，我对投资烂公司始终没有什么兴趣，即便它们的故事讲得再美好。

在具体的投资实践中，我这么多年来的投资经验，总结起来可以用大家最常听到的 14 个字来概括：好公司 + 好价格 + 适当分散 + 耐心持有。我没有受过系统的金融方面的教育和培训，所以相比较而言，我的投资理念简单朴素，但我相信，简单的往往也是有效的。

在我的心中，好公司分为两层。

第一层，伟大的企业，即“皇冠上的明珠”。这些公司有良好的发展前景，主营业务突出、商业模式简单清晰，产品具有核心竞争力和领先市场的优势，是我投资风格中的守正部分。正常情况下我一般把 60% 左右的仓位配置在这些公司上，即守正为主，标的4只左右。

守正仓位选择“皇冠上的明珠”，好处显而易见：伟大的企业信息透明、财务透明，由于有千百双眼睛盯着，造假概率极低，错看的概率也极低。每当季报、年报一出，大家纷纷解读，各抒己见，几乎把公司各个角落扒了个遍，能给自己省很多事。所以，在投资中你只需要聪明一次，持有“皇冠上的明珠”，耐心等待企业交出一份份业绩优秀的成绩单，真正是省心省力，至少是“只输时间不输钱”。

20多年来，我始终把自己主要的仓位放在“皇冠上的明珠”上，如1997年持有的四川长虹，1999年持有的清华同方、中兴通讯，2003年建仓的招商银行，2011年以后的中国平安、贵州茅台、招商银行以及五粮液。尽管部分股票如今看来早已经不是明珠了，但是在当时，大部分优秀的公司并没有上市，甚至连银行也没有上市，想选择好企业，只能“矮子里面选将军”。

第二层，各个细分行业的冠军，即一些成长性良好的中小盘股，它们是不被人关注的“沙漠之花”。这类公司成长潜力大，在各自的行业内拥有坚实的壁垒，毛利润和净利率都要高于同行业其他公司，这是我投资风格中的出奇部分。如演艺行业的宋城演义、药用玻璃包装行业的山东药玻、化妆品行业的珀莱雅。通常情况下我把40%左右的仓位配置在这类股票上，即出奇为辅。但和“皇冠上的明珠”相比，这类股票的缺点也是显而易见的：确定性、持续性、稳定性更差，容易出现“黑天鹅”。怎么办？我的办法是做组合，同时持有10只左右的股票，仓位大致平均分配。

当然，仅仅买好公司是不够的，好公司加好价格才是一笔好的买卖。我们经常听到关于何时买进股票的一句话：以低于内在价值的价格买进，以更高的价格卖出。更简单地说就是低估值买进，高估值卖出。对于估值，没有一个比较准确的计算方法，只能是一个相对的概念，我通常是对比成熟市场的行业龙头或者均值，同时考虑企业业绩的增速来综合判断一家公司估值的高低。但是仅仅以估值来选择买入或者卖出，我们可能会跟伟大的公司擦肩而过。

有了好公司和好价格，适当分散是防范风险的有效手段之一。我会选择不同行业做组合，或是将同一个行业中不同的公司进行组合。虽然组合的收益可能最终比重仓一两个行业或者一两只股票的收益要少，但也是相对安全的，风险要小。我的观点就是在保证本金相对安全的基础上获得一个相对稳定的收益，这样叠加时间的复利效应，长期来看可以跑赢大多数投资者。

一点感悟

回顾自己 20 多年的投资经历，多少还是有些心得的。之所以我在投资中能够取得一点成绩，我觉得最重要的有三点。

首先，路要走对。我幸运地走在了价值投资的正确道路上，尽管前些年心目中的价值投资理念是模糊的、幼稚的，所选择的投资标的有这样那样的缺陷，但在当年的时代背景下，能够选择的优秀公司并不多，总的大方向是对的。

其次，股市投资，勤奋是必需的。就这点来说，价值投资者是幸运的，因为相比少部分需要天赋的趋势投资者，价值投资是普通投资者真正能通过后天学习掌握的方法。我每天花在与股市相关的学习、调研、看市场上的时间远多于看盘的时间，多学习可以发现好公司，多看市场可以发现身边的牛股。特别是现在有了雪球这个投资交流平台，里面的民间高手云集，有价值的文章很多，是我们学习的好去处。

最后，对于投资者，价值投资的最大考验在于耐心。股市投资中，耐心是比黄金更宝贵的东西。有一个“段子”是这样说的：每年收益一次的是老板，每月都有收益的是普通员工，每天都有收益的是做小买卖的，干完活就有收益的是临时工。我认为，机会和收益的大小与它们的数量成反比，与结算周期成正比。每天都出现的机会，它的收益一定很小；而大的机会、超高的收益，可能要几年才能等到一回。所以，一旦持有一家公司，就耐心持有，短期的涨或跌都应该看淡。我的性格比较沉稳，喜欢以低估并且合理的价格买入优质公司的股票，然后耐心持有，直到个股或大盘出现泡沫时才开始卖出。

当然，成功的投资离不开温馨的环境，离不开家人的支持。我在股市中能够取得一点成绩，与家人们，尤其是我妻子的支持是分不开的。股票投资很辛苦，日常家务我很少过问，都是我的妻子在辛苦操劳。妻子身患多种疾病，过去孝敬我生病的父母，后来抚育儿子，再后来照顾孙儿。她日常照顾我的饮食起居，让我无后顾之忧，从而全身心地投入投资。如今，她的头发已经半白。

有人说，中国股市不适合价值投资，因为投机风气太浓。但我从自己多年的实践来看，恰恰相反，中国股市正是价值投资的沃土。正是因为大部分投资者喜欢投机，习惯于炒新、炒小、炒差，才使得许多优秀的企业受到冷落，价值被严重低估，给了价值投资者买便宜货的机会。

尤其是 A 股由于投资者结构的原因，牛短熊长，投资者大多数时候面对的是熊市。绝大部分投资者不喜欢熊市，而对价值投资者来说，熊市恰恰是最好的朋友。大熊市中，市场恐慌，“泥沙俱下”，好公司容易被错杀，这是绝佳的买入机会。2013 年的贵州茅台，2014 年的中国平安、招商银行就是最典型的例子。

投资很难，尤其是价值投资，更是股票市场中的小众方法。身边志同道合者寥寥，选择价值投资等于选择了孤独和寂寞，坚持下来真的不容易。我出生于贫困家庭，学业上经历过的重大挫折，年轻时的那段不堪回首的经历，使我养成了坚强的性格，让我在面对股市中的困难和挫折的时候，能比他人有更多坚持。

但价值投资者也是幸福的，因为从长时间来看，绝大多数价值投资者收益可观；同时，价值投资者是快乐的，平时只需要关注公司基本面，不需要每天关注股价的波动，可以腾出更多的时间做自己喜欢的事。

最后，我想对新入市的投资者说：选对赛道与公司，勤奋学习多读书。股市入市门槛很低，但赚钱门槛很高。长期看，股市投资没有捷径，投资是长线持有的修行，是无数的知识、认知、经验的去伪存真和变现，不适合想暴富、想赚快钱的投资者。我们唯有选择适合自己的投资方法，勤奋学习、平和心态，才能在股市长期生存。

退伍老兵也有春天：我的13年投资心得

| 圆融财观 |

编者语：他是一名退伍军人，做过近十年建筑工人。他于2007年入市，曾因炒股输掉一套房子，多年来摸爬滚打终于形成了自己的投资方法论和思维框架。他就是本文的主人公@圆融财观。投资格力等股票5年获得5倍收益，他最终实现了自己的财富梦想。

几句闲言

我是冯春红，雪球昵称@圆融财观，江苏淮安人，退伍军人。在部队时我曾获新兵连军事体育竞赛第一名，退伍后，2006年到2018年2月，我在老家的一家德企做建筑工人。我一直努力工作，在德国培训期间，我的工作笔记还被留在德国公司总部收藏。我于2007年入市，曾因投资股票输掉唯一的房产。痛定思痛，我花8年时间拜访了全国百位投资名师，最终形成了自己的投资理念框架和思维逻辑，也终于在老家买回一套4层楼的房子，算给老婆一个交代。2018年2月，我从服务了十余年的外企离职，同年考取证券从业资格证和基金从业资格证，成为一名私募基金经理。下一个十年，我希望也能给自己一个交代。

首先声明一下，我是一名从农民工成长起来的基金经理，文章中任何股票都不作为投资建议。本文是讲述我真实的人生故事，不是为了证明什么，只是一些总结、思考和分享。

我的投资缘起

2007 年我在外资公司的时候偶然听到同事们在谈论股票，那是从国外培训回来没多久，也是我在昆山刚买房的时候。同事们讨论股票的时候，我凑过去想听听他们在讨论什么，也就是那一天，我被刺激到了。他们看向我的那种鄙夷的神情仿佛在说“农民工出去了一趟，以为自己能耐了”。我在他们的目光中灰溜溜地退了出来，这件事我是忘不了的。

当我真正开始研究股票后，我发现自己是真的热爱投资。红红绿绿的数字跳动就代表赚钱或者亏钱，这是我的世界，没有任何脸色，没有虚与委蛇。我疯狂地迷恋上了炒股，也很勤奋。我相信天道酬勤，但是初期在股票市场的盲目勤奋也让我在错误的道路上狂奔。我一路做高抛低吸，基本上是每天买卖。我恨不得市场一天交易 8 小时，哪怕有时候不交易，我看看这些数字的跳动也开心。

后来我知道了美股，夜里有时也会看看。那时我发现美股和 A 股之间似乎有一点点联动，美股红了，A 股开盘大概率会红；美股下跌，A 股很可能低开。利用美股和 A 股这种所谓的联动，我如同没有任何舞蹈基础的愣头青，试图踩准这种若有似无的规律的每一个步点，与它共舞，只为得到它对我的财富奖赏。我眼里只有它，心脏如 K 线图一样跳动，谁都不能让我和股票分开。

我渐渐地融入公司那些白领和蓝领群体，我喜欢被接纳，喜欢他们投来钦佩的目光。我的虚荣心得到了极大的满足，赚钱了我就大肆宣扬，而亏损对于我是有损脸面的事情，我肯定不会说。我活在虚荣里，活在股票市场的亏损里，活在每天的股市搏杀里。

终于有一天，我似乎看到了天大的机会——A 股跌破 2000 点，那可是从 6100 点跌下来的！我基本上每天下班都和老婆说：“我想卖房，我要在股市里赚钱，之后可以买更大的房子、赚更多的钱，我们可以早一点退休，可以天天炒股！”我认为那应该是天堂般的生活。那时，我甚至可以依稀看到我在落地玻璃窗前看着电脑、喝着咖啡，神情自若地炒股，钞票从我的指尖拂过的画面。我觉得，当年我在工地高高的脚手架上看到对面大玻璃窗后面的人，应该就是这样生活的！

最终老婆被我说动了，她相信我是努力的，她是懂我的。我更努力地炒股，为了回报她，也为了证明我自己，“农民工也有春天”。当然了，那时候的我，只把夕阳当朝阳，就这样亏损了唯一的房产。

我如何从股市里赚得第一桶金

2007—2013 年，我几乎连年亏损，屡败屡战。那时有很多人在 QQ 群里聊投资，我默默地向那些投资“牛人”学习，每个月都会想尽办法拜访一位投资“牛人”，他们中的有些人我至今都保持着联系。这个过程持续了差不多 8 年，我逐渐形成了自己的投资体系，不再人云亦云。我看重的是一个公司所在行业空间是否足够大，其业绩是否优秀，管理层是否勤勉诚信，公司价值是否低估诱人。

好公司一般有较好的价格支撑，也就是大家常常说的不便宜；业绩一般的公司有时候也会被高估，当然这可能是被炒作形成的价格，需要投资者进行甄别。而好公司因为市场偏见形成的价值洼地并不常见，却是值得下重注的好时机。

2015 年，在资本市场掀起“宝万之争”的姚振华把目光投向了格力。回溯格力当时的财务数据，营收跨进千亿元行列，净利润有 125 亿元，每股收益 2 元多，ROE 为 26.3%，前 5 年平均 ROE 达到惊人的 30% 以上，而市盈率却居然低估到 8 ~9 倍。在《证券分析》一书中，价值投资之父格雷厄姆对一个不增长的行业都给出市盈率 8 倍左右的估值。我根据自己有限的分析能力，判断格力股价被低估。虽然我在前几年也一直持有格力，但是仓位不重，而那一次，我把格力加到了极重的仓位。现在回头看，那就是我在股市赚到的第一桶金。

让我损失一套房的失败投资

神火股份！我想这是我永远都无法忘记的一只股票，我的房子就亏损在这只股票上。当时网络上一直热议能源不可再生，应该在低迷的时候买入周期股。于是我想，家里穷没有矿，买一个矿产股权也不错。人脑子一热，智商就比羊高不了多少，看看这家公司的数据，或许你就明白了……

表 1　神火股份相关经营数据

项目		2014—2018 年 5 年平均值	2009—2018 年 10 年平均值
盈利能力	销售毛利率（%）	15.57	13.95
	销售净利率（%）	-3.40	-0.13
	ROE（平均）（%）	-3.21	5.92
	ROE（摊薄）（%）	-4.19	4.71
	总资产收益率（%）	-0.45	1.16
	资本回报率（%）	-0.65	1.61

续表

项目		2014—2018 年 5 年平均值	2009—2018 年 10 年平均值
现金能力	资本开支（百万元）	1064.77	1788.39
	自由现金流（百万元）	-635.58	-611.74
成长能力	营业收入增长率（%）	-5.14	8.56
	净利润增长率（%）	-41.00	-28.47
	净资产增长率（%）	-3.55	8.94

资料来源：大视野。

投资一家上市公司，都是想赚钱。“买股票就是买公司，买公司就是买其未来现金流”，这是巴菲特口中投资的真谛。如果一家上市公司近5年、近10年平均现金流都是负数，投资它的后果也就可想而知。我投资这样的股票，活该亏损。由此我也给自己立了一个规矩：永远不投现金流为负的股票。宁愿错过，绝不过错。为什么买行业明珠、龙头？因为它们是经过多年打拼出来的行业佼佼者，已经证明了自己。不要期待业绩反转，不要期待咸鱼翻身，也许越翻陷得反而会越深！

我的投资逻辑

做任何事情都是需要方法的。多年来我形成的投资方法并不“高大上”，而是更追求有效。

我会判断当前经济形势所处的阶段和未来几年内的发展大趋势，进一步分析未来几年内可能有较大发展前景的行业，选择股票和债券进行配比，确保安全。

随后，我会选择有长期盈利能力的行业的股票。在确定行业之后，我会对所选行业内的个股进行价值分析，筛选过程中坚持审慎客观的原则，寻找低估值股票，以合适的价格按照预设的投资比例分批买入。由于准确预测市场和公司股票的价值是很难做到的，那根本的策略就在于能够找到一个相对安全的区域，再进行投资，这样就可以大大提高投资胜率。

要用合理的价格购买有诚信且能力强的管理层领导的公司，以保证一个好的行业由一个好的管理层管理，从而创造源源不断超越市场平均水平的利润。

我规定自己只在四种情况下可以卖出：一是买错了；二是发现了更好的股票；三是买入的公司价值发生了改变；四是熊市买入低估的股票到牛市来的时候已经有了很大的涨幅，接下来可能会有比较大的回撤。为了保证投资安全，我还会做一些适当的分散，再好的股票也不超过 20% 的仓位。这样做是防止因为自己认知出现偏差，或者出现非理性的行为而蒙受太大的损失。

总结来说，我的投资风格侧重股权思维，无价值不投资，不会频繁切换。我只买低估、垄断、具有成长性、行业空间大的公司，高估就卖出，不高估就留着。

那么什么是股权思维呢？假如你家隔壁的超市要转让或者找合伙人，你正好有兴趣，那么你准备怎么买下转让权呢？如果是我，我会看以下几点：位置好不好？客流怎么样？有没有竞争对手？盈利能力怎么样？有多少资产、负债？有多少存货，有没有赊账？存货价值几何？有没有预收、应收、预付、应付？用各项数值加减乘除得出一年的净资产收益率，判断价格是否令人满意。不满意就不能买，投资股票也是差不多的路数。

投资之所以难、之所以不容易赚钱，就在于诱惑和噪声太多，每天都有大量的股票涨停跌停。如果从公司的角度看投资收益率、看每年的盈利有多少、市场空间有多大、是否能够持续、管理层是否诚信……就不会被市场误导了。不要依据市场的变化来决定自己的操作，投资人要始终站在企业的角度考虑问题。另外，投资人要始终了解自己的能力圈，购买超越能力圈的股票，就好比一个人举着火把穿过火药库，即使毫发无损，也改变不了他是个蠢货的事实。

知行合一，实属不易

坚持确实很难，不动如山地持有真的非常难！以恒心，做大事，“古之立大事者，不惟有超世之才，亦必有坚忍不拔之志”。这些话很“鸡汤”，只有真正努力过的人，才深以为然。

杨天南老师说：“知不易，行更难，知行合一难更难。”而真知，则行不难。投资的原则有很多，在我看来最重要的事情就是知行合一。雪球社区有很多睿智的文章，99% 的人每个字都认识，作者对股票的分析也很到位，散户投资者也知道他们说的对，但就是做不到长期持有。知道未必懂，懂了未必做，做了未必做好，这是人性使然。

这两个词送给同在股市的你

第一个词：**专注**。

专注成就人生！1991 年 7 月中的一天，巴菲特参加了比尔·盖茨的父母举行的一次小型私人聚会。其间，比尔的父亲让每个人在一张纸上写下对他们帮助最大的一个词，巴菲特和比尔不约而同地写下了“专注”。

第二个词：**理性**。

曾经有一位女士问芒格："除了耐心，芒格先生您还曾经说过，对投资人最重要的一个词是理性，为什么理性最重要，而不是知识、智力、耐心？"

芒格回答："什么是理性呢？理性就是实事求是。而绝大部分人看世界，是看到自己希望看到的，如果这样，就像通过变形的眼镜看这个世界，有多少知识、耐心都没有用。因为你看到的世界就是脱节的，没有理性的态度，其他都没有用。"

所以我觉得：大道至简、专注理性、知行合一是投资中最重要的。而用我自己的话展开说就是：

认清事实真相，适当参与其中，不动如山持有，大众喧嚣离开。

与大家共勉！

得失难量
投资是不变的一生所爱

投资路上总有挫折，很多人仍在起起伏伏中探索适合其自身的投资之道。虽然他们还在追求更高的投资目标，但投资为他们带来了改变未来的无限可能。

我的股市亏钱经历和感悟

| 年糕猫 |

编者语：股市“七亏二平一赚”，那些徜徉股市多年的人，有暴赚的经历，也有血亏的经历，但他们依然热爱股市。@年糕猫就是这样一个人，他将自己在股市亏钱的经历和感悟分享给大家，希望给在股市中奋斗的读者朋友以启发和思考。

被别人的发财故事吸引入市

2021年，我39岁，炒股至今依旧处于亏损状态，所以现在工作之余，还兼职送外卖。

雪球这个平台高手如云，我其实是没有资格和大家谈论投资技巧的。我能做的只是把这些年我犯的一些错误分享出来，让大家看看我是怎么亏钱的。在我吸取教训的同时，也用以警示“球友”吧！

2006年，我在上汽集团下属的一家汽车零部件生产企业上班。那时候我们上班很枯燥，工作内容就是把半成品的零部件，从这个夹具移动到另外一个夹具上，每天循环往复。

在我操作台对面的是一个大我十多岁的男人，虽然他不是盲人，但是因为种种原因，我们都叫他“瞎子”。“瞎子”当时已经快40岁了，还没有结婚，他应该是20世纪90年代就开始炒股的那批老股民中的一员。我经常听他和另外几个炒股的同事讨论股市。而我也在这个过程中，慢慢对股市产生兴趣。

我那时候年纪不大，生性胆小，所以还是挺谨慎的。听“瞎子”他们吹了很久，我也没有真正去买股票。

时间慢慢到了2007年，有一天上班，我一到单位就听到喧闹声，大家都在起哄，要“瞎子”请客。原来是“瞎子”把股票卖掉了，光利润就赚了80多万元，加本金应该超过100万元了。百万富翁，这是多少人的梦想啊!

那天上班，我手上做着机械的动作，整个人都是呆呆的。我一直在思考一个问题：我这样辛苦上班，每个月才赚3000元，什么时候才能赚够100万元?

“瞎子”成了人生的赢家。原本没房子的他，用股市里面赚的钱，在浦东买了两套房子。买完房他就开始相亲，后来，年近四十的“瞎子”真的成家了。

“瞎子”的这次暴赚彻底颠覆了我的人生观、价值观。在那天之后的一个月，我凑够了1万元，下定决心去证券公司开了户。可命运仿佛一开始就给了我暗示，我开户的日子很巧，正好是2007年10月15日，也就是上证指数达到历史最高点的前一天。

亏损是因为贪心，赚钱是因为耐心

我投入的本金不多，经历了2008年的大跌、2009年的暴涨和之后数年的漫漫熊市，一直没有在股市里面赚到什么钱。

当时的我根本不懂什么是价值投资。进入股市后的六七年，全都是研究K线、均线等技术指标，炒股思路全是盯着价格的变化。但当时我已经有了些光看技术指标还不够的想法。那时候选股倒是知道要选绩优股，但局限于自己的眼界，只知道看市盈率和每股收益这么几个简单的指标。

经历了2007—2008年的一轮牛熊，我也明白了趋势和耐心的重要性，知道股市里面赚钱是要靠定力的。直到2014年开始的大牛市，我以13元左右的成本，重仓买入了一汽富维，才在股市里面赚了第一笔大钱。

这些年的经历，简单总结就是：亏损是因为贪心，赚钱是因为耐心。

很长的一段时间，我的选股思路一直是：基本面决定买什么，趋势决定什么时候可以买。

经过不断实践，我的选股思路修正为：选择基本面良好的高股息好公司，在合适的价格买入，然后长期持有。

投资中最失败的一次经历

最失败的投资是我拿了快三年的一笔持仓，截至2020年5月18日已亏损近100万元。它伤我伤到痛彻心扉，带给我的教训可以说是刻骨铭心。

都说人类一思考，上帝就发笑。我虽不信上帝，但我非常认同这句话。因为我就是这么一个拥有可笑思维的傻瓜。

我记得那是2017年年中，市场上开始疯传中国原油期货的消息。我看到这条消息就开始想着要抢占先机。

我的思路是：原油期货要开，会放在哪里？肯定是放在全国的经济中心上海！那上海的金融中心在哪里？陆家嘴啊！

就这样，2017 年 8 月，我以 25 元的价格满仓加融资买了 10 万股的陆家嘴，而且我是卖掉了原本赚钱的持仓买入的。原先我的持仓是 13 元买的一汽富维，在 19 元的时候卖掉，换成了陆家嘴。而卖掉的一汽富维在一个多月之后就最高冲到了 23 元。

也该我这个听消息、靠联想炒股的笨蛋亏钱，自从我买入陆家嘴之后，该股就开始了温水煮青蛙式的下跌之旅。跌到 2018 年 3 月，原油期货正式上线之时，陆家嘴也没有任何表现。而此时的我，则早已经深套其中了。

到 2020 年 5 月，哪怕经过分红送股，我持有的陆家嘴成本还高达 21 元。而此股现在依旧在底部区域 11 元多徘徊。

陆家嘴给我的教训是惨痛的，这也是对我最有教育意义的一次教训。

第一，这次操作让我知道了投资股市最重要的不是赚钱，而是保本。止损永远是我们广大散户进入股市的第一课。

第二，这次失败的操作，也让我知道了趋势的力量。在明确的下跌趋势中，你怀有侥幸心理，越等就越亏钱。当机立断地止损，是所有成功的投资者摆脱巨大亏损的法宝。

第三，无知、无畏的我就这么轻易地使用了杠杆这柄双刃剑。人不配财，必有所失。在你所拥有的知识不足以驾驭面临的风险时，你的处境必定是极度危险的。

第四，不知道控制仓位，也不知道分散持股，这实在是非常愚蠢。是我自己的贪婪，让我满仓融资去赌一只股票。赌客的结局都是悲惨的。

第五，一次好的投资，应该是以低于价值的价格买入，这样才能让你在泡沫时期赚到充足的利润。一旦你的买入价格过高，那么这笔投资的风险也会随着你买入价格的上涨而倍增。

送外卖这段经历

兼职送外卖可以说是我这两年在熊市的煎熬中最快乐的事情。

熊市中被深套的股民，你让他每天坚持看盘其实是很痛苦的，因为持续的下跌会让他看不到一点希望。我就是熊市中这万千苦命股民中的一个。

恰巧那段时间单位组织体检，我被查出了轻度脂肪肝。我看着微微隆起的小肚子，想着是时候要运动运动了。可光运动又感觉自己不能坚持，所以就选择了兼职做外卖员。

送外卖的运动量其实不小，特别是在中午的高峰期。我一般中午做一个半小时，光步行就有近万步。因为有时间限制，所以你的身体和大脑在外卖的高峰期都是在高速运转。连接数单之后，你不仅要靠双腿跑去取、送外卖，还要依靠脑子去为不同单子的时间规划最佳路线。

另外，送外卖让我去了很多原本我这辈子都不太可能去的地方，见到了很多原本这辈子都不一定能看到的风景，也让我多了许多和不同的人交流的机会。

读万卷书，行万里路。在熊市里，作为外卖小哥我暂时忘记了我股民的身份，让我不再孤单，也让我有勇气熬过熊市这段漫长的煎熬时光。

熊市并不可怕，我希望通过我的外卖经历和写作，传递希望和正能量。

投资中最重要的事

投资中最重要的事简单概括就是：顺势持有的耐心，逆势止损的决心。

投资者最应该拥有的品质就是耐心，只有耐心才能让你摆脱频繁短线交易。

除了少部分天才外，大部分普通人在股市中要赚钱，要赚大钱，就一定要拥有买入优质公司并长期持有的思维。做投资不能一天到晚盯着那个“炒”字，而是要和公司一起成长、壮大。

我这里说的好公司，除了业绩优秀、市值稳步扩张之外，还应该有好价格。如果你估值失误，在泡沫期以远高于其价值的价格买入，那么一旦趋势开始反转，你也应该有坚决止损的决心。

控制回撤、坚决止损是我们每个股民入市应学的第一课。

投资中最孤独的瞬间

2018 年 10 月，大盘跌到了 2440 点一线，我也迎来了炒股生涯中的至暗时刻。当时的我心态已经濒临崩溃，因为我承受了几乎不能承受的压力——我的仓位太重了！10 月 16 日，我为了维持担保比例开始“割肉”。那天我先把可转债以及不能提供融资担保的股票抛了个干净，可依旧抵不上股价下跌的速度。看着担保比例维持在 133%、132% 的位置，我开始 1000 股、1000 股地往外抛股票。

当时的我心如死灰，双眼血红地盯着电脑屏幕。我的每一次点击，都代表着一部分我从高位带下来的筹码灰飞烟灭。我的心也仿佛被人用手抓着，当成抹布一样一次次狠狠摔在地上。

我任凭眼泪顺着脸颊流下来，滴落在键盘上。我心里明白这里是底部，可又有什么办法？是我贪心上了融资买股的贼船，是我的贪心毁掉了自己曾经拥有的财富。如果没用杠杆，我当时大可以做头部埋入沙堆的鸵鸟，大可以不看股票。可是上了贼船的我，当时根本就没有选择，只能让人挂在竹竿上，一刀一刀剔骨割肉。

那天我把扛了一年多的 10 万股陆家嘴，在底部割掉了 1 万股。剩下的不到 9 万股，成本至今仍高达 21 元。

记得那天收盘后，我顶着上海的蒙蒙细雨，独自走在河边的小路上。那时候我的脑子里很乱，甚至想过放弃一切。就在那天我在河边用手机发了我在雪球的第一帖。很幸运，当时处在人生至暗时刻的我，得到了“球友”的宽慰。

综观牛熊交替，让我感触最深的就是情绪。每一次牛市，都是在人声鼎沸中戛然而止；而每一次熊市，则是在股民的绝望麻木中迎来曙光。

很庆幸那次熊市我熬过来了。我想在未来的牛市里，我还会体验另外一种煎熬，那就是有了盈利以后忍住不动，让泡沫越吹越大的煎熬。

之所以我能从当时的绝望中走出来，可以说雪球帮助了我很多。“球友”的每一次安慰、每一次回复、每一次点赞都让我心里好受很多。感谢雪球！

最后，我想跟初入股市的投资者说一句话：远离融资，拒绝杠杆！

这五个男人，可能改变了我的一生

| 忆西风 |

编者语：他出生在一个普通的家庭，父亲是下岗工人，全家靠着母亲一个人的收入省吃俭用，勉强度日。好好读书、出人头地是父母对他唯一的期望。然而，他终究让他们失望了。叛逆与对电脑游戏的沉迷，让他变成了“学渣”。高考结束后，想复读一年的请求被母亲无情拒绝。就在他觉得整个人生都完了的时候，这五个男人改变了他的一生。

第一个男人：父亲

高考填报志愿时，因为沉迷电脑游戏，我对 IT 专业最感兴趣。在那个年代，IT 是热门专业，但父亲希望我去读证券与期货专业。父亲炒股十几年，非但没有赚钱，反而亏了许多，使本就拮据的家庭雪上加霜。因此我非常反感股票，认为股票就是赌博。我希望读 IT 专业，再不济读会计专业也行，我就是不想去学炒股。可惜我的反对无效。令我感到奇怪的是，母亲也没有反对父亲的主张。这是为什么？母亲明明也很反感父亲炒股呀？难道是对我彻底失望了吗？我感觉前途无望，那是我人生的至暗时刻。

第二个男人：侃哥

大学里我没学到什么本事。学校没有自己的金融系教授，请的是上海财大的教授，每周来半天，教一些 K 线图、波浪理论、道氏理论之类的知识。教授有一句口头禅："等牛市来了，票子、车子、房子也就都来了。"他没有说错，在我们毕业后，股市迎来了 2006—2007 年的史诗级牛市。那些毕业后去证券公司的同学，都发了大财，天天下馆子，买豪车、买别墅。但教授似乎忘了告诉我们，大牛市过后就是大熊市。那几个同学最后都离职了，赔了很多钱，房子、车子也终究是一场镜花水月。

扯远了，让我说说侃哥吧。侃哥是我的同班同学，但他比我年长几岁。他非常好学，喜爱读书、知识渊博，拥有几套小户型居室出租，还持有不少股票，对股票颇有研究。2006 年 7 月 6 日，我受邀去他家做客，客厅里的电视机播放着中国银行上市的新闻。他突然对我说："你知道吗？在这个世界上，有一个人靠炒股成了世界首富，那个人叫巴菲特。"

第三个男人：巴菲特

"炒股""世界首富"的字眼，吸引了我的注意。出于好奇，我买了一本《巴菲特传：一个美国资本家的成长》，这是我读的第一本关于巴菲特的书，也是我接触的第一本投资类书籍。我津津有味地阅读每一个字，希望可以从中发现财富的密码。

巴菲特认为，向一个人传达价值投资理念只需要 5 分钟，懂就懂了，不懂就永远不懂。也许是我太单纯，也许是没见过世面，巴菲特说的“买股票就是买公司”的投资理念，我居然一瞬间就接受了。此外，书中描述的巴菲特，出生在一个贫困家庭，通过打工、攒钱、投资，最终成为首富。我深有感触，他的故事改变了我认为股票就是赌博的偏见。我第一次觉得，也许我也能这样？我的人生还有希望？从此，巴菲特成了我的偶像，价值投资成了我人生的方向。

很多年后，我才知道，巴菲特的家庭并不贫困，他有一个开商店的爷爷，有一个做议员的爸爸，这样的家庭怎么可能贫困？好在2006年的我，相信了书中的人设，否则巴菲特的故事也无法激励到我。

第四个男人：叔叔

有了方向和目标，就要努力去实现。但现实很残酷，投资需要本金，我需要工作。“学渣”是很难找到一份好工作的，我的第一份工作，税前月薪1500元。几个月后我换了第二份工作，税后月薪2000元，合同工，两年。在这两年里，我努力提高学历，学习投资理财，省吃俭用，定投基金。为了换工作也没少折腾，应聘过城管队员、图书馆管理员，报考过警察学员……均以失败告终。

2010年我抓住机遇，报考公务员。我知道自己没有任何优势，所以我选择了一个招募人数多、需要外派到安徽的岗位，可能到退休也无法调回上海。父母问我：“你想清楚了吗?”我点点头，含泪说：“我愿意!”

我侥幸通过了笔试、面试，需要进行体能测试，有1000米和引体向上等项目。从小体弱多病的我，体育考试从来没及格过，1000米我要跑5分钟，引体向上只能拉1个，我很担心。有个叔叔鼓励我：“你要加油啊!

如果你考上了，工资就会提高，到时候买辆车，娶个老婆，一辈子还能攒下两三百万元。你想象一下，你的老婆、车子、三百万元，就放在1000米的终点，等着你去拿，你唯一需要做的就是拼了命地跑过去！”当时的我觉得很可悲，我的一生，仿佛早已被人看穿了。不管我如何努力，我这辈子的成就，就只是买一辆车、组建一个家庭和挣到两三百万元？我不要这种被人一眼看到头的人生！叔叔的一句话，彻底改变了我。我拼了命地练习，但并非为了叔叔口中的“车子”或“三百万元”，而是为了让我的人生有更多可能性。负重跑步，沙袋绑腿磨破了脚踝，贴个创可贴；引体向上拉伤了胸口，贴张膏药，继续练！

第五个男人：格雷厄姆

功夫不负有心人，我成功考上了公务员，月收入从2000元提高到6500元，虽然现在看着不高，但在当时可把我高兴坏了。但我依旧保持着勤俭节约的生活，每月消费不超过1000元，像《巴菲特传：一个美国资本家的成长》里写的那样，恨不得把一分钱掰成两半来用，非必需品坚决不买，将每个月的工资都投入股市。这个时候，父母也拿出了毕生的积蓄13万元，交到我的手中，要求我“穷人家的孩子早当家”。我压力骤增，一来没想到父母一辈子的积蓄只有那么少；二来13万元虽然少，但对当时的我来说算得上是一笔巨资，我从没打理过那么多的资金。

我只知道要投资不要投机，但从来没有系统性地学习过投资。我将《巴菲特传：一个美国资本家的成长》重温了一遍，这是一本传记，并不教人如何投资。但书中说巴菲特有个老师，叫格雷厄姆。我想，能教出一个世界首富，想必这个老师很厉害吧。他有两本著作，《聪明的投资者》

和《证券分析》，据说前者通俗易懂，适合普通投资者学习。

不看不知道，一看吓一跳，这本书对我来说还是太难了，犹如看一部天书，书中时不时闪现我从没见过的词汇——市盈率是什么？市净率又是什么？我一脸茫然，一边查阅名词解释，一边在小本上记录。我在书上画着重点、难点，结果差不多把整本书全画满了。

看完第一遍，意犹未尽，马上精读第二遍，加深印象，查漏补缺。我换了一个颜色的记号笔，重新在书上画重点。同时，我学以致用，根据格雷厄姆书中的原则开始买卖股票，摸着石头过河。我雄心壮志地记录下交易与心得、资金进出、业绩统计。

格雷厄姆让我发现了一块新大陆。《聪明的投资者》推荐了其他一些成功的投资人写的书，而通过阅读这些人的书，我又知道了更多的投资人和书。如此反复，我越看越多。直到有一天，我突然觉得，看这些书已经没有了任何新鲜感，它们的实质内容大同小异，对我的帮助也越来越小。我知道，价值投资的理念，已深入我心。今后我学习的重点不再是理念，而是如何分析公司、挖掘个股。我继续买着各种书自学，我知道，像我这样的草根投资者，只有通过不停的学习，才有可能进步和成功。

这就是我的过往经历，转眼之间，2021 年已经是我做价值投资的第 11 年了。一开始反感的股票投资，现在已经变成了我生命中不可或缺的一部分。

两个失败案例

俗话说，聪明的人往往会从别人的错误中吸取经验。在这里，我分享两个失败的案例，也算为大家做一点贡献。这两个案例，由于发生在早期我资金量还不大的时候，对我造成的损失有限，反而对我后续投资体系的进化有很大的帮助。

第一个案例，玖源集团 。时间追溯到2014年11月，那时候还没有港股通，我历尽千辛万苦开了一个港股券商账户。本金不多，只有10万元，但对当时的我来说也是一笔不小的资金。这一天，一个有钱的朋友特意给我打了个电话，神神秘秘地问我有没有港股账户。他说有内幕消息，他和朋友已经买了几百万元，把这个消息告诉我是为了还我一个人情。我一想，手上正好有个港股账户，而且这朋友欠我一个人情，还我人情合情合理，于是当天以10万元满仓“杀入”玖源集团。前几天，股价的确快速上涨，我心里乐开了花，朋友也每天打电话来邀功。可惜乐不过3天，第4天股价突然急转直下，开始阴跌，很快就跌破了成本价。这时候，我看到了书桌上摆放的《聪明的投资者》，想起了格雷厄姆的告诫，非常自责，于是“手起刀落”，以亏损10%的代价止损割肉。我继续观察，看着它从2.7港元跌破2港元，接着跌破1港元。就在我写这篇文章的时候，股价只有0.083港元了。我那个有钱的朋友，之后又做了一次黄酒生意、听信了两次内幕消息，成功把自己变得比我还穷。

这个案例告诉我：内幕消息要远离，有钱也别瞎折腾。

第二个案例，中海油田服务。时间太久，我已记不清具体日期了，但那个时候，新闻中铺天盖地地说着国际原油从100多美元跌到了50美元，而此前几年的历史最低值差不多是35美元。我想当然地觉得下跌空间有限，上涨空间翻倍，这种美事怎么能错过？于是通过一番所谓的研究，我决定买入中海油田服务来抄底原油，买入成本大概15港元。在我买入中海油田服务以后，看到了巴菲特买入原油类股票抄底原油的新闻，这更增强了我的信心。那个时候，原油也小幅反弹，股价从15港元涨到了18港元，我心里美滋滋的。但我还是太天真了，原油价格继续下跌，我买的股票也随之下跌，甚至跌幅大大超过了原油的跌幅，跌破15港元、10港元、8港元、5港元……很长一段时间，我都是没有勇气打开账户看亏损的。过了很长时间，有一天，我发现原油反弹了，股票也涨到了7～8元。按15元的成本计算，损失大概50%，我把心一横，果断割肉，留下了一半本金。

这个案例告诉我：不懂不做，不熟不做，面对大宗商品要谨慎。

我的投资体系进化史

第一阶段，是买入低市盈率组合。

和所有股市小白一样，我刚接触价值投资时，最先看的指标无疑是市盈率。不少书中都介绍过，买入一揽子低市盈率股票，长期持有可跑赢指数。这方法简单啊！可是，经常有人嘲笑低市盈率组合，说“如果这方法也能赚钱，那小学生都能炒股了”。在这里，我可以很负责任地告诉大家，我用这个方法真的赚到了钱。现实往往就是那么残酷，在这个“七亏二平一赚”的市场中，90%的投资者看不上的投资方法，居然真的有可能赚到钱。

第二阶段，是买入低市盈率、低市净率组合。

在《聪明的投资者》一书中，格雷厄姆对买入的个股估值进行了限制，即“市盈率要低于15倍，市净率要低于1.5倍”，或者“市盈率×市净率<22.5”。这个方法看似简单粗暴，却直接剔除了大部分高估的股票，是低市盈率组合的升级版。虽然可能也排除了一些优秀的企业，但组合的投资业绩相当不错，我在雪球上专门建立过这个组合，跑赢了沪深300

指数。

第三阶段，是加入“扣非净利润”因素。

随着更加深入的学习，我知晓了一些财务指标，比如净利润与扣非净利润。有些企业因为政府补贴、资产变卖等原因，导致净利润失真，因此需要结合“扣非净利润”，在组合中剔除那些净利润远高于扣非净利润的价值陷阱，进一步优化组合，提高胜率。

第四阶段，是加入“ROE”因素。

随着有关价值投资的书越读越多，我自然而然地接触到了“ROE”这个指标，这个指标在巴菲特的信中也被多次谈及。查理·芒格甚至认为：只要持有时间足够长，一只股票的年化投资收益率会趋近于ROE。我在组合中渐渐剔除低ROE的个股，但整个框架依然是低市盈率、低市净率组合。

第五阶段，是考虑“净利润”的可持续性。

慢慢地，我发现一个问题，净利润的巨大波动，会导致市盈率忽高忽低，因此要剔除那些净利润不稳定的个股。但是我既不懂年报，也不懂商业模式，怎么办呢？我选择了最“简单粗暴”的方法，在网上查看个股过去8年的历史财务数据。只要营业收入、净利润稳定增长，我就默认它今后能够继续增长。如果过去8年经营数据忽高忽低、波动剧烈，就直接剔除。这方法虽然看着愚蠢，但也符合一些价值投资的门道，比如我们常说的，“优秀的企业大概率会继续优秀下去”。

第六阶段，是学习研究银行股。

经过前面五个阶段的进化，结合当时A股所处的环境，我的投资组合中剩下的是一大把银行股，加上个别几只非银行股。印象最深的是上海建工，买入后短短几个月，股价突然翻倍，所得变现后我还小得意了一把。

但是现在想想其实就是运气好。至于手中的一把银行股，有不赚钱的华夏银行、交通银行，也有翻倍的民生银行。在民生银行上我有过两次行情翻倍的经历，这两次投资经历对于初期进行原始积累的我来说至关重要，所以我对民生银行的感情颇深。但说到底，还是运气好，靠着净资产收益率和市净率两个指标，居然也赚了不少钱。

第七阶段，是学习读财报。

其实我一直有个心结，那就是不懂财务报表。那几年，虽然赚到了钱，但都是依靠一些简单的指标来选股。我知道，不懂财报是我的短板，我必须尽快补上这一课。后来我关注了唐朝，他的《手把手教你读财报》我读过 3 遍。在我读的所有书中，只有《聪明的投资者》和《手把手教你读财报》读过 3 遍，可见唐朝的这本书对我来说多么重要。之后，我开始尝试阅读公司年报，我读得很慢、很艰难，但我没有放弃。渐渐地，我也能读懂一些财报了，但往往是“就事论事”，分析公司却始终不得要领。我觉得我的投资体系中还是少了些什么。

第八阶段，是关注商业模式和投资逻辑。

我在雪球社区关注的人越来越多，但真正让我“脱胎换骨”的，可能是这位争议比较大的@释老毛。他的个股分析往往侧重于商业模式和中长期投资逻辑，财务数据只是辅助。我终于发现，我缺少的就是这个！财务数据代表的是过去，商业模式和投资逻辑才是未来。我开始思考企业的盈利模式、行业的发展前景，放宽了对优秀企业的估值限制。

作为草根投资者，我的知识比较匮乏，我只能想明白银行是百业之母，是永续行业；而中国保险行业的密度和深度尚不及国外，是一条长长的雪道。因此我重仓的是银行 + 保险。我在 2015 年 12 月以 36 元的价格第一次买入中国平安，随着 2016 年初的熔断，股价很快跌穿了 30 元。在接下来的15个月，中国平安始终在36元以下横盘振荡。在这期间，我始终用工资结余不断买入中国平安，并不断通过调仓，将一些零散的个股仓位集中到中国平安上。2017年5月，中国平安一飞冲天，股价很快冲到了80元，在当时已经高达2倍PEV①。喜欢统计估值的我，意识到中国平安的估值不再便宜，市场有些危险了。终于在2018年1月，中国平安从最高价81.28元跌到75元的时候，我感觉到一丝不妙，遂在75元卖出，只留下1000股观察仓。后来在2019年1月初，我以1倍PEV的价格，即55元再次入场中国平安，做了一次成功的T。后来的故事可能不少人都知道，因为过于乐观和膨胀，我在80～90元的高位不断融资买入，目前仍在亏损中，实在惭愧。

第九阶段，是使用杠杆，打开潘多拉魔盒。

2016年末，老婆大人受到上海房价疯涨和周围同事“买房即赚”经历的影响，开始对我进行“游说”。看着翻倍的房价，我真的不忍心卖掉低估的中国平安，去买高位的房子。但为了家庭和睦，我咬咬牙，还是和老婆一起贷款买了一套三居室。买房，让我首次从股票账户中取出了钱，打破了过去账户资金“只进不出”的模式。我心有不甘，想到了融资。于是我融资买入中国平安，总融资金额约等于从账户里取出的用来买房的钱。这个时候，我还比较克制，没有满仓满融。但事情真的那么简单吗？巴菲特、芒格、格雷厄姆“不要用杠杆”的告诫，早已在我脑海中烟消云散。潘多拉魔盒，就此打开……

① PEV是一种静态估值指标，用于对保险公司的估值。

第十阶段，是“满仓满融 + 集中持股 + 期货”，在“作死”的边缘疯狂试探。

2018 年 1 月，上证指数连续拉升，仿佛牛市一触即发。但从 2 月起，风云突变，股市急转直下。与此同时，我的身体感到不适并急速恶化，最终被确诊为强直性脊柱炎。这犹如晴天霹雳，我的心态崩了。在治疗期间，股市持续阴跌。看着估值从合理到低估，又从低估到残值，我动用了剩余的融资额度，直至满仓满融，硬扛了整个 2018 年下半年。最终 2018 年成了我进行价值投资以来的首个亏损年度，亏损幅度高达 25%。这一年，我的心态变了，我不再相信巴菲特说的“慢慢变富”，我没有时间去等待自己慢慢变富了。假如等我变得富有了，却只能依靠轮椅苟延残喘，那么这样的富有有何意义？我决心快速致富，尽早享受人生。

2019 年，我依靠满仓满融迅速爬出了 2018 年的坑，市值创出新高。此时，因为手头有些钱，我开通了平安期货，开始研究股指期货和期权。在持股方面，我几乎全部集中在了中国平安这一只股票上。“高杠杆、集中持股、期货、期权”等投资“大忌”，我一一触犯，可谓“在‘作死’的边缘疯狂试探”。

终于，好运用尽，2020 年遭遇了“黑天鹅”——新冠肺炎疫情，我为 2019 年的“作死”行为付出了极为惨痛的代价。由此，我对投资有了更深的认识。有些道理，虽然早在书中看过，但似乎只有亲身经历过，才会有更深的体会。

今后的我该何去何从？是在病情的影响下，继续高杠杆一路高歌猛进，冒着爆仓的风险快速致富？还是收拾心情，重新上路，慢慢变富？我不知道答案，也没人可以告诉我答案，这个答案，我终究需要自己去寻找。

在投资的道路上，我远算不上成功，我认为自己还仅仅是起步阶段，但我还是分享了我的故事。希望我的故事也能激励几个人，就像当年的《巴菲特传：一个美国资本家的成长》激励我一样。

漫漫投资路，很高兴有雪球和大家的陪伴。希望大家在投资路上都能够实现自己的梦想，不忘初心，勇往直前。

200万元清零之后，我踏上了价值投资之路

| 保利时代 |

编者语：竹子用了4年的时间，仅仅长高了3厘米，却从第5年开始以每天30厘米的速度疯狂生长，仅仅用了6周的时间就长到了15米。其实，在前面的4年中，竹子将根系在土壤里延伸了数百平方米。做人做事亦是如此，不要担心你此时此刻的付出得不到回报，因为这些付出都是为了“扎根”。

这样的“毛竹精神”也同样深深影响了@保利时代。他是一名“80后”“家庭主夫”，家里有80岁的母亲和两个未成年的孩子。前半生是规规矩矩的央企员工，后半生开始全职炒股。他生活在一个三线小城市，照顾老人、接送孩子、辅导孩子功课是他的三大日常。没有专业的财务知识，也没有优秀的调研团队，更没有耀眼的投资业绩，14年“老韭菜”，“学费”上百万元，一波三折的投资生涯最终让他走上价值投资之路。他有怎样的投资故事呢？

投资缘起

进入股市14年有余的我已经步入中年了，谈起如何进入股市，还得从2006年说起。那年是我调到郑州的第一年，公司有十几个人，几乎所有的

同事都在买基金。于是，根本不知道基金是什么的我也跟着财务经理买了第一只股票型基金——银华富裕。

投入2000元，3个月翻倍；追加投资金额至8000元，又3个月翻倍之后，我才真正抽时间研究了一下基金是干什么的。2007年5月中旬，我开通了股票账户，同时投入了第一笔资金8000元。

第二天开盘，我迫不及待地打开软件，满屏红色进入视野，让我一时眼花缭乱，都不知道该入手哪一只股票。“深思熟虑”之后，我投入4500元，买入了人生第一只股票——彩虹股份，剩下的钱全部买了另外一只股价不超过10元的股票——韶钢松山。

如果问我当时为什么要买这两只股，答案就是图单价便宜。“韭菜”的思维就是这么简单……

“韭菜”必修课

思想亢奋之时，中国证券史上最著名的“半夜鸡叫”来了。2007年“5·30”股票交易印花税上调，大盘持续暴跌。我持仓的股票遭遇连续三个跌停，重仓的基金也大幅回调。损失惨重的我对股市失去了信心，直到我听闻同事炒股一天赚了15万元——市场回暖，我又“杀回来”了。

重仓万科的同事每天喜笑颜开，我仿佛看到了地产股的春天。南京地产股栖霞建设成了我的目标，我在历史次高点30元买入。此时美国次贷危机席卷全球，A股以连续的暴跌迎接奥运年2008年的到来。上证指数从6124点跌至1664点的过程中，我一次次充满信心地补仓栖霞建设，作为回应，栖霞建设一次次下跌，从34元跌至6元，拆股之后，股价甚至跌破了3元。

央行降息、下调存款准备金率、连续调降交易印花税，国家接二连三的救市措施让我重燃了信心。2008 年 4 月印花税降低当日，市场信心大振，大盘涨停，我满仓入手了未涨停的、低市盈率的中集集团。然而天不遂人愿，我的“回血计划”泡汤了——第二天这只股票不仅没有涨停，反而冲高回落后开始持续阴跌。14 元买入的中集集团到 2008 年底也“腰斩”了。

初入股市便惨遭两次“腰斩”，就像是市场在以另类的方式来教育我要尊重它。敬畏市场，是我作为新“韭菜”学到的第一课。

全仓医药股，喜提股市第一桶金

2008 年 11 月，大盘终于见底，A 股迎来了一拨翻倍反弹行情。2009 年 4 月，我的基金总算“解套”，但股票持仓依旧惨不忍睹。我忍痛“一键清仓”，之后又全仓买入了来自家乡的上市公司“华兰生物”。

历史总是惊人的相似。2009 年“甲流”全球大流行，疫情在中国蔓延，我国急需疫苗来防止病毒继续扩散。第一批拿到病毒毒株的是北京科兴、华兰生物和天坛生物，这三家企业相继宣布抗病毒疫苗研制成功。疫苗正式投产之后，市场缺口极大，华兰生物借势扩大产能，顺利获得了国家 3000 万元的大订单，就这样开始了它的三倍之路。1 年之后，我在最高点选择了清仓，一并卖出的还有同行业的天坛生物。

截至当时，我不仅赚回了炒股、买基金以来所有亏损的金额，而且净赚 20 万元。我终于迎来了股市里的第一桶金！

高位融资重仓白云山被“腰斩”

盛极必衰，否极泰来，这也许是人生常态。

因华兰生物获利之后，我又买入了“神药”板蓝根的主家白云山，由于广药收回红罐王老吉、广药和白云山合并等各种利好，其股价从20元翻倍涨至近40元。我决定长期持有白云山。我的坚定持股，虽然等到了红罐王老吉的热销以及金戈的上市，但挡不住股价的“过山车”。这次重仓持股，结局又是被“腰斩”了。

2014年，我辞职开始职业投资，倾尽家财投入股市。赌性大发的我甚至开通了融资融券。格力、美的、伊利、海螺、双汇，这些雪球热门股，我都分仓持有过。随着股价的上涨，融资额度也从60万元飙升至200万元。到2015年6月中旬，我的资产净值已经超过了200万元，但融资额度也同样超过了200万元。

6月，我清仓美的、海螺、双汇，减仓格力，抽出100万元资金打新。当资金重归账户时，我的重仓股白云山已经从最高点的45元跌至38元，而我又在39元重新满仓满融买入了白云山……

2016年初的熔断，加上白云山年报表现低于预期，我的长持之心彻底死了。2012—2016年这5年，我不知道为白云山贡献了多少，甚至同学、朋友都喊我“王老吉”。然而此时我已放弃，在26元清仓了这只股，我的目光也从医药转向了地产。

地产股投资遭遇滑铁卢

从 2015 年开始，我便盯上了地产。一直到现在，我仍然持有保利和万科。但是当时初次接触地产股，我的选股出现了错误。至今泛海控股仍是我最失败的投资。

我轻信了泛海控股绘制的美好蓝图。10 元建仓，补仓补到了 5 元，最高 20 万股的持仓，4 年的持股给我带来几十万元的亏损。大幅减持后，我的净资产不足 30 万元，而这 30 万元正是我 2015 年卖房的所得。当时我为赶上所谓的行情，降价出售了房子。这套房后来涨到了 60 万元，我却在股市遭遇了滑铁卢。最高时 200 多万元的净资产，此刻几乎归零。这次的教训使我意识到，哪怕是在好赛道中，也要挑选好公司。同时，也提醒朋友们：卖房炒股要不得。

再难熬也会过去

2015 年股市见顶回落以来，我老婆就再也没有过问关于股市的事，因为仅仅从我的日常表现上也能知道个大概。也正是她这种“冷淡”让我能更平心静气地做交易。同样作为回报，我也尽可能地把家里都收拾好，把母亲、孩子都照顾好，展现我最好的一面，以此来减轻我的心理压力。

经历了两轮牛熊转换，我已不再是当年那个追风少年。现在的我认为稳定大于一切，稳中求胜才是我追求的目标。巴菲特曾经说过：第一，永远不要亏损；第二，永远记住第一条。我深以为然。

2020 年与 2018 年相比虽然烦心的事也不少，但开心也同样始终伴随着我。中了十几只新股为我增添了不少喜悦，每次中新股都是我最开心的时刻。

谈起牛熊交替的日子，我最大的感触便是，股民的贪婪真的很可怕：总是在贪婪中把利润消耗，总是在贪婪中丧失自我，总是在贪婪中迷失方向。

投资中最重要的是心态

这些年的投资经历告诉我，投资中最重要的事情是保持良好的心态，而保持心态的前提是远离杠杆。杠杆是扩大你恐惧和贪婪的工具。在贪婪和恐惧中，高买低卖很容易就成为常态。

在股市摸爬滚打 10 余年之后，我最终重回价值投资的怀抱。价值投资中最重要的是选股，而比选股更重要的就是耐心。而保持耐心的前提条件就是不加杠杆。当持有优秀企业数年股价却停滞不前之时，利用闲散资金投资的你可以根据自身实际情况加仓摊薄持仓成本，但利用杠杆资金投资的你却需要时常考虑何时还款，以及是否需要追加保证金。

投资说起来很简单，但做起来很难。与其说你是在和庄家战斗，不如说你是在和自己的心魔战斗。只有能够控制自己内心欲望的人才能获得成功。

我放弃了价值投资，但我仍是那个非凡者

| 无声 |

编者语：股票投资始终是世界上最具魅力的游戏之一。人一旦进入这个市场，就会难以自拔，或兴奋，或懊恼，我们的情绪，也随着那一串数字起伏不定。

本文的主人公曾经“踩雷”虚增百亿元利润的康得新（原股票代码为002450，现已退市），也曾在2015年的牛市中经历价值毁灭。他在逆势中不断打磨，并最终形成了最适合自己的投资体系。他年轻时习惯“all in”①，还曾辞去国企舒服、稳定的工作，离家只身赴上海与朋友创业，但如今他“浪子回头”，把“有了家庭的男人，从来不应该只为了自己活着”奉为真谛。他曾经在股市中暴赚过，如今却选择专注基金领域……他是@无声，股海沉浮数十年，他已经成为自己心中的那个非凡者。

---

① all in：最常见的意思源自扑克牌游戏，表示游戏玩家押上全部筹码；引申至投资中可理解为“全力押注”“放手一搏”。

职业投资的日子很普通，但我非常满足

我每次碰到楼下的大爷和大妈们，他们总是会问我：“小许，你去上班吗?”非常热情。

然后我就会回答：“今天休息。”如此循环，往复不已。什么都没变，大爷们的表情还是那么热情，我回答起来还是那么自然。

没办法，2018 年底创业回来后，我成为职业投资者，平时基本就是“家里蹲”。往年每个月还出去一两趟，去公司调研看看，或者去跟朋友聊聊投资的事情。但新冠肺炎疫情爆发后，我哪里也没去。在大爷们的眼里，我就是闲人，只会坐吃山空。

所以，实际上我职业做投资的日子很普通，早上起来给孩子们准备早饭、送他们上学，然后看研报、看行情、看公司的基本资料，跟朋友们讨论交流。我每天都在做功课，希望可以快速提升自己原本不高的投资水平。

总体来说，我很满意我现在的生活状态，每天跟家人在一起，既可以照顾母亲，也可以照顾老婆孩子，在投资上也可以更专注。

“踩雷”带给我的投资感悟

如果真的要分享些什么，我首先想跟大家分享我犯过的一些错误、踩过的一些“雷”。由于错误太多，我分享几个比较有代表性的案例吧，希望大家从我的经历中吸取一些教训。

第一个“雷”，是投资康得新。

我投资康得新大致始于2014年底，中间的最大涨幅有3~4倍的样子，陆续有加仓。最后分了两笔卖出，分别是2018年5月下旬跌停开始的时候，以及2018年11月开板后。

4年的时间，实际收益率不足10%，但是聊胜于无，比起很多相信康得新的梦想、全仓买入的投资者来说，我已经太幸运了。如果没有在跌停潮停牌前卖出，我就要亏损不少。我印象最深的就是在跌停潮的时候有个电话会议，钟玉信誓旦旦地说公司财务没有问题，生产供不应求。其中有个投资者说，他把父亲养老的钱都投进去了，就是相信康得新、相信钟玉关于企业光学膜和碳纤维复合材料的梦想。当时我都想哭了，这样的投资者太惨了。

这件事情，我记忆犹新，甚至比我任何一次亏损20%以上的投资都刻骨铭心。现在总结下来，最大的感触是：对于科技和医疗这些高门槛的行业，散户对公开信息和公告的研究，是不足以被称为“研究”的；大股东要是想造假，手段和方法多如牛毛。

第二个“雷”，是我没能在2015年牛市全身而退。

作为一个2007年10月入市的股民，按说我也具备一定的经验了，而且事实上我确实已经在2015年“疯牛”的时候减仓了10%。但现在回头看，即便是在连续的跌停后，2015年牛市结束前后，我还是可以带着利润从容退场的。我却因为坚守长线投资和相信价值，选择了所谓的“穿越牛熊”，得到的结果就是价值毁灭。这段经历告诉我，当牛市过去的时候，任何一家公司都不值得持有，千万不要逆周期而行。

第三个“雷”，是对长线投资和波段投资的把握不够。

全职做投资以来，我先后研究、投资过分属不同行业的很多公司，其中犯的最大错误就是做波段把长线仓位给做丢了。

事后看，我在波段卖出的决策上，大部分是对的，但卖出后选择买入位置的时候就出现了问题。一是我想等更好的位置买入，但好公司往往调整的时间和幅度不可预测，很快就迅速拉升，如果不能调整心态追涨，就错失了牛股；二是在做完波段后，资金转移到其他个股上，受其他个股走势的影响，对优质个股的重新投资被搁置。

我因此明白，优秀的公司、处在主升前期的公司其实并不多，多点耐心长期持有是基本盘，不能做波段做丢了。

第四个“雷”，是不顾及家庭“all in”。

我出生在一个普通家庭，爸爸就是一个普通工人，所以，我一路走来全靠自己的全力以赴。2015 年底我做了一个大胆的决定——辞去国企舒服的工作，只身赴上海，参与一家公司的创业，这又是一次“all in”。

应该说这 3 年我有很大的收获，老板和同事们对我很宽容，教会了我很多在国企学不到的东西。而且在主导公司业务发展的那两年，我收获巨大，这绝非金钱可以替代的。但反过来说，我这个没有顾及家庭的决定也让全家付出了很大的代价：儿子早产两个月，一直到两岁多身体都不好；我母亲和老婆必须顶住巨大的心理压力照顾家庭；女儿也在学习和心理上出现了一些问题。

终于，2018 年底我回归了，我再也不会为了我个人的事业和欲望，让整个家庭陪着我“all in”了。有了家庭的男人，从来不应该只为了自己活着。

放弃价值投资，无限制自我进化

从之前的投资经历来看，我并不是一个成功的价值投资者，甚至我都不好意思说自己是价值投资者。成功的价值投资不会因为工作而导致长期投资收益不高，一个贵州茅台就足以打脸无数次。我决定放弃价值投资的思维，无限制进化自己，挖掘自己在投资上的能力并全面提升。

所以，我现在看基本面、看周期、看趋势，也看技术指标。

比如，看传统的消费品，我就比较重视基本面，因为我能看得懂，而且成功的概率很大。这点可以从我对中顺洁柔、西麦食品等公司的研究和投资上找到证据。

我很看重周期，尤其是运用经济周期、股市运行周期和行业发展周期，来把握市场和行业发展的大机会，其中的操作体现了我也重视趋势的应用，尤其重视对拐点的判断。在这个方向，我有成功也有失败，2020 年 2 月 25 日“逃顶”半导体股和科技股是成功的，但 4 月 24 日卖出大部分医疗股是失败的。看来我还需要不断总结和提高。

我还重视技术指标的使用，在实际投资中，量价和均线等我都会看。虽然水平一般，但辅助作用还是很明显的。

在投资品种的选择上，个股和 ETF、场外指数基金我都有涉及。在目前阶段，我集中投资了 ETF 和场外指数基金。我计划再用一年的时间研究基金，合理匹配个股和基金的投资。

从我 2007 年 10 月 30 日开户，已有 13 年了。走过的坑，踩过的“雷”，我自己都知道。现在把我的故事分享出来，是希望能帮到大家，让大家有一个参考，也算是功德一件吧。

拒绝平庸，我虽普通但也非凡

每个投资者都有个“大成”的梦，我以前也有，但现在真的没有了。我知道我和这个梦想的距离还很遥远，我只是一个很普通的人，普通到如同沧海一粟。

从整体上来说，我目前投资所处的阶段，还在专注 ETF 和场外指数基金的研究和投资策略的制定，还没有真正成熟，还有很长的路要走。

从个股投资上来说，我虽然曾经持有桑德环境 8 年，获得了 5 倍收益，但我真正理解长期投资的价值了吗？显然没有。我真正理解成长股的投资真谛了吗？显然也没有。

从周期投资的角度，一个行业的生命周期是怎么孕育的？如何更好地判断行业的起步期和爆发期？怎么识别行业由成熟期到衰退期的拐点？显然，我也还没有真正理解。

而我仍处在一个补知识、打基础的阶段，这是一个从简入繁的阶段，距离未来的“返璞归真”不知道还要多久，更没有什么资格奢望“大成”。

所以，很多人叫我“老师”，我其实感觉挺别扭的，我哪里配得上呢？大家都是学生，一起进步吧。

当然，如果你问我是不是一个平庸的人，我会告诉你，不是。

虽然我是一个普通人，但在我的世界，我是那个非凡者。

后记 | 投资改变人生：那些滚雪球的人

做好投资需要选对行业赛道，更需要稳定、繁荣的国家经济大环境。巴菲特回顾他的投资经历时，多次把自己在投资中取得的成就归功于搭上了二战后美国经济增长的顺风车。

2021 年 2 月 28 日，国家统计局公布的《2020 年国民经济和社会发展统计公报》显示，我国经济总量首次突破百万亿元大关，全年 GDP 达 101.6 万亿元，比上年增长 2.3%。我国人均 GDP 也连续两年超过 1 万美元。

中国经济就像一辆飞速行驶的列车，抓住中国经济腾飞的机遇，做多中国、买入中国最优质的资产，可能是我们这一代人实现家庭财富保值增值的最好选择。

一直以来，雪球上集聚了一批不同职业、不同经历，以及关注不同领域但都爱好投资的“球友”，大家交流、分享、记录，鲜明地表达自己对投资的理解和看法。

他们和我们一样，既是中国经济这趟列车的建设者，也是做多中国的实践者。

这些各具特色的投资者背后有怎样的投资经历？有怎样的投资体系？有怎样的投资感悟？我们逐一展示他们的成长经历和投资故事，希望能给投资者以启发。

就这样，我们第一本关于雪球上活跃用户的书籍《投资改变人生：那些滚雪球的人》正式问世了。

这本书的问世，首先要感谢书中的雪球用户，他们在雪球上分享自己的投资、生活以及感悟。其次要感谢钟日昕、沈露等成员在成稿过程中的付出。最后要感谢中国经济出版社的燕丽丽博士、吴楠老师在审核出版过程中为本书提供的帮助。